Lucas Cranach d. Ä.

dargestellt von Berthold Hinz

rowohlts monographien begründet von Kurt Kusenberg
herausgegeben von Uwe Naumann

Redaktionsassistenz: Katrin Finkemeier
Umschlaggestaltung: Walter Hellmann
Vorderseite: Lucas Cranach d. Ä. Selbstbildnis. 1550. Florenz, Uffizien
Rückseite: Liegende Quellnymphe. 1518. Leipzig,
Museum der Bildenden Künste
(Beide Vorlagen: Archiv für Kunst und Geschichte, Berlin)
Frontispiz: Albrecht Dürer: Lucas Cranach d. Ä. 1524.
Silberstiftzeichnung. Bayonne, Musée Bonnat

Originalausgabe
Veröffentlicht im Rowohlt Taschenbuch Verlag,
Reinbek bei Hamburg, November 1993
Copyright © 1993 by Rowohlt Taschenbuch Verlag GmbH,
Reinbek bei Hamburg
Alle Rechte an dieser Ausgabe vorbehalten
Satz Times PostScript Linotype Library, PM 4.2
Langosch Grafik + DTP, Hamburg
Gesamtherstellung CPI – Clausen & Bosse, Leck
Printed in Germany
ISBN 978 3 499 50457 0

3. Auflage Februar 2008

Inhalt

Lebensgeschichte 1
Frühzeit und Anfänge als Hofmaler 7

Lebensgeschichte 2
Häusliche und wirtschaftliche Verhältnisse 44

Werkgeschichte 1
Der Hofmaler 52

Das Verhältnis zu Martin Luther 61

Werkgeschichte 2
Repertoire und Bilderfindungen 77

Lebensgeschichte 3
Die Söhne, die Werkstatt, der «Altersstil» 108

Werkgeschichte 3
Reformatorische Themen 114

Lebensgeschichte 4
Spätzeit, Exil und Ende in Weimar 122

Anmerkungen 137

Zeittafel 139

Zeugnisse 142

Bibliographie 146

Namenregister 157

Über den Autor 159

Quellennachweis der Abbildungen 160

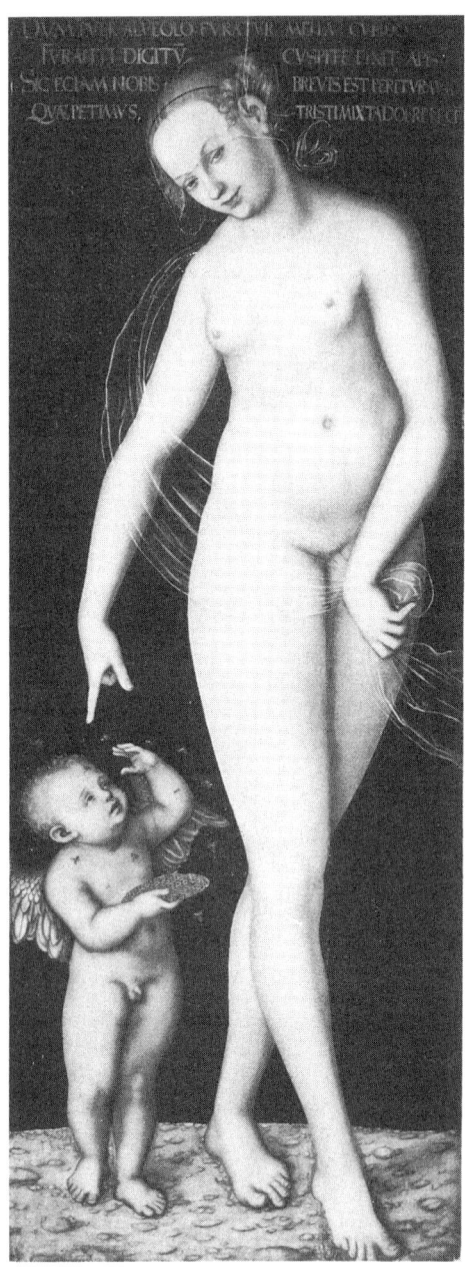

Venus mit Amor als Honigdieb. Nach 1537. Berlin, Staatliche Museen Preußischer Kulturbesitz, Gemäldegalerie Berlin-Dahlem (F. R. 395)

Erwin Panofsky an Jakob Rosenberg,
den Autor von Cranachs Œuvre-Verzeichnis:
«Lieber Jakob, wie kann man sich nur so
lange mit Cranach beschäftigen!»[1]

Lebensgeschichte 1
Frühzeit und Anfänge als Hofmaler

Lucas wurde 1472 als Sohn eines Hans «Maler» oder «Moller» oder «Müller» im fränkischen Kronach geboren. Ob der Vater diesen Namen als ein Maler, der er anscheinend war, oder als Familiennamen führte, blieb lange ungeklärt. Der Sohn wurde nur selten so registriert – «Lucas Moller» oder «maler Moller» –; er selbst nannte sich nie anders als nach seinem Geburtsort Kronach = Cranach. Im Jahre 1507 wurde er in einem Gedicht des Lektors der alten Sprachen an der Universität Wittenberg, Georg Sibutus, «Pictor Lucas Moller» genannt, was, wie «maler Moller», für einen von der Berufsbezeichnung getrennten Familiennamen spricht, den der Künstler allerdings bereits aufgegeben haben muß, bevor er für uns erkennbar in die (Kunst-)Geschichte trat.

Wenn man vom Vater als Künstler auch kaum etwas weiß, scheint doch die Wahl des Taufnamens Lucas für den (vermutlich) Erstgeborenen ein gewisses Selbstbewußtsein als Künstler auszusprechen und den Wunsch zu dokumentieren, den eigenen Beruf durch seinen Nachkommen fortgesetzt zu sehen. Denn der Evangelist Lukas war als Patron der Maler gerade in dieser Epoche fortschreitender Künstleremanzipation zu besonderem Ansehen gelangt. Die Maler begannen, sich unter seinem Namen als Lucas-Gilden oder Lucas-Brüderschaften zu organisieren und seinem besonderen Schutz zu empfehlen. In diesem Zusammenhang und Interesse wurde auch ein neuer Bildgegenstand aus einer alten Legende entwickelt: der Evangelist Lukas beim Porträtieren der Madonna – ein Thema, das bald zum Atelierbild mit zeitgenössischem Ambiente aktualisiert wurde.

Lucas Cranach wurde zum Haupt und Stammvater einer Künstlerdynastie, deren Dauer über mehrere Generationen und deren Wirksamkeit über mehr als hundert Jahre im gesamten mittel- und ostdeutschen Raum während des 16. Jahrhunderts wohl ohne Parallele ist. Als Lucas' Mutter Barbara – vor 1495 – starb, zählte man zwei Söhne und drei Töchter. Zu dieser Zeit wird Lucas, der gemäß der Kronacher Zunftordnung zwei bis drei Jahre gelernt haben dürfte und zwar, wie eine Nachricht von 1556 notiert, beim Vater («a Patre artem graphicam didicit»[2]), bereits auf die obligatorische Wanderschaft gegangen sein – wohin, bleibt völlig offen. Nach seiner Rückkehr hat er vermutlich zwischen 1495 und 1498 die Werkstatt des Vaters verstärkt. Von Vater und Sohn existiert aus dieser Zeit jedoch keinerlei künstlerische Nachricht; nur mit einigen Prozessen (in Sachen übler Nachrede, Beleidigung und in Nachlaßangelegenheiten) sind die beiden während dieser Zeit urkundlich in Verbindung zu bringen. Ebenso wenig weiß man über die Schulbildung des jungen Malers; man wird aber kaum fehlgehen in der Annahme, daß diese den – bescheidenen – Ansprüchen seines Standes entsprochen hat. Beweglich wie er war, dürfte sich Cranach im Laufe seines gesellschaftlichen Aufstiegs dem Niveau seiner Umgebung anzugleichen gesucht haben. Ein Lobgedicht von Andreas Bodenstein gen. Karlstadt von 1509 rühmt neben den unvergleichlichen Qualitäten des Malers immerhin auch dessen Lateinkenntnisse: «Seinem Munde entströmt voller Scharfsinn lateinische Rede; doch der Verkleinerer Schar schweigt mit Verachtung er tot.»[3]

Für eine Malerwerkstatt in Kronach, eine fürstbischöflich bambergische Stadt und Festung, kommen als Auftraggeber vor allem die Landesherren, die Bamberger Bischöfe, in Frage; so wird man sich wohl unter bislang anonymen Bamberger Altar- und Andachtstafeln auch Beiträge aus dem Kronacher Betrieb zu denken haben. Die sprichwörtliche Klaue eines jungen Löwen, falls man sie erwartete, sucht man allerdings vergeblich in diesem Ambiente (sonst wäre es nicht anonym geblieben!). Das um so auffälliger, da der Mann, bevor er als Künstler in Erscheinung trat, bereits auf die Dreißig zuging – ein Lebensalter, in dem Zeitgenossen wie Dürer, Michelangelo oder Raffael längst auf Hauptwerke ihres Schaffens zurückblicken konnten.

Als Künstler erkennbar wird Cranach zuerst in Wien, wo seine Anwesenheit zumindest in den Jahren 1502 und 1503 nachweisbar ist, wo er vielleicht aber auch noch 1504 arbeitete. Was den Maler in die Donaumetropole gezogen haben mag, ist unklar; sicherlich nicht eine Leitfigur etwa vom Schlage Martin Schongauers, durch den sich der junge Dürer zum Besuch in Colmar veranlaßt gesehen hatte; auch nicht der Ruf der Stadt als eines Ortes künstlerischer Offenbarungen, wie Dürer ihn in Venedig suchte und fand. Dazu gab die Wiener Kunst dieser Zeit, die alles andere als modern und aufsehenerregend war, keinerlei Anlaß. Es gibt Hinweise, die für einen banalen Verwandtenbesuch sprechen; daß Cranach jedoch eine beträchtliche Zeit blieb, vielleicht sogar dauernd zu bleiben beabsichtigte, muß andere Gründe gehabt haben.

Wien war um 1500 nicht nur die größte deutsche Stadt, sondern – als Sitz der Habsburger, Inhaber der deutschen und römischen Krone – auch so etwas wie die Residenz des Deutschen und Römischen Reichs, wenn es diese auch der Verfassung nach nicht gab. Cranach mochte auf Besteller und Kontakte gehofft haben: Vor allem die Impulse, die zunehmend von Kaiser Maximilian I. für die Wissenschaften und Künste ausgingen,

Das angebliche Geburtshaus Cranachs im fränkischen Kronach

konnten das Interesse auswärtiger Intellektueller und Künstler erwekken. Die Wiener Universität stand aufgrund einer den aktuellen Bedürfnissen aufgeschlossenen Berufungspolitik in hohem Ansehen und zog kongeniale Geister an. So hatte Maximilian 1501 eine eigene Humanisten-Fakultät, das «Collegium poetarum et mathematicorum» gegründet. Auf der dort eingerichteten Lehrkanzel für Poetik und Rhetorik lehrte seit 1497 der «Erzhumanist» Konrad Celtis aus Schweinfurt, der als erster Deutscher den Dichterlorbeer aus kaiserlicher Hand – von Friedrich III. 1487 in Nürnberg – empfangen hatte. Ein weiterer Franke, der Arzt und Rhetoriker Johannes Cuspinian (Spiessheimer), 1493 ebenfalls zum Dichter gekrönt, war 1501 Rektor, zugleich landesherrlicher Kurator der Universität. Vor allem dieser scheint dem Maler und Landsmann aus Kronach den Kreis der Wiener Humanisten und ihrer Förderer erschlossen zu haben. Auf jeden Fall hat sich in dem Doppelbild Cuspinians und seiner Frau Anna Putsch (F. R. 6/7)* ein beredtes Zeugnis dieser Verbindung erhalten. Zugleich ist es eine der ersten – identifizierbaren – Arbeiten Cranachs.

Doppelbildnisse dieser Art, bei denen die Ehepartner auf getrennten Tafeln erscheinen, waren in den Niederlanden entstanden, mittlerweile aber auch in Deutschland, u. a. durch Dürer, eingeführt. Ihr Charakteristikum, Einheit und Trennung zugleich, beruht auf der förmlichen Sym-

---

* Zu den Abkürzungen F. R., R. und J. B. siehe Sigelverzeichnis in der Bibliographie S. 146

Der Humanist Dr. Johannes Cuspinian und seine Frau Anna Putsch.
Um 1502/03. Museum Oskar Reinhart, Winterthur

metrie der ehelichen Allianz als Rechtsverhältnis, was solchen Bildern oft eine emotionslose Stereotypie verleiht. Davon ist Cranachs Bild in einem bisher nicht gesehenen Maße frei: Eine dramatisch gebaute und dramatisch belebte Natur umgibt und unterscheidet die ungewohnt großzügig ausgeschnittenen Figuren; diese aber sind kontrastierend charakterisiert bis hart an die Grenzen der betont ausgeglichenen und ausgleichenden Bildgattung. Cuspinian, in der Haltung des inspirierten Dichters (oder Evangelisten), schaut und lauscht aufwärts in den Kosmos, in dem sich allerlei Seltsames bewegt – im Vertrauen auf die Wissenschaft, repräsentiert durch den Folianten in seiner Hand, ins Unbegrenzte forschend. Wie beschränkt dagegen die Frau mit der traditionellen Ehe-Nelke, ohne Teilhabe an der Vision der Natur und des Waltens der Elemente, die sich neben ihrem Gesicht in Flammen entladen.

Der ausgeklügelte kosmographisch-alchimistische Hintersinn geht sicher auf Vorgaben des gelehrten Bestellers Cuspinian zurück, aber unter der Souveränität des Pinsels ist die Anstrengung des Denkens verschwunden und in satten Farben ein Humanisten-Bildnis entstanden, das dem neuen, unkonventionellen Geist mit *künstlerischen* Mitteln Ausdruck verleiht. Ein weiteres Doppelbild eines Gelehrten und seiner Frau (F. R. 8/9) folgt 1503; nach neuerer Einsicht handelt es sich jedoch nicht, wie man bislang annahm, um den Juristen Stephan Reuss, der später Rektor der Universität wurde. Das Werk bestätigt gleichwohl ein weiteres Mal die enge Beziehung des Malers zu den Wiener Akademikern, die den Maler, motiviert von der Aufgabe, die anspruchsvollen Bild- und Porträtwünsche dieser Klientel erfolgreich zu befriedigen, zu schöpferischen Hochleistungen trieb.

Kreuzigung. 1503. München, Alte Pinakothek (F. R. 5)

Die genialischen Züge dieser Malerei, bei der sich Farben und Formen, reichlich ungezähmt, zu gegenseitiger Steigerung vereinen, finden sich auch in weiteren Arbeiten der Wiener Zeit, so in den Kreuzigungsgruppen, die in dem schmalen Wiener Œuvre auffallend zahlreich vorkommen. Die altertümliche Kreuzigung aus dem Schottenstift (F. R. 1) zeigt den auf Dürers Dresdner Tafel der Sieben Schmerzen Mariae zurückgehenden schräg ins Bild gesetzten Kruzifixus, dessen motivische Dynamik zu der bestürzenden Asymmetrie der großen Münchner Kreuzigung von 1503 (F. R. 5) hinleitet. Die drei Kreuze stecken hier, einander zugekehrt, eine dreieckige Fläche auf dem Grund des Golgathahügels ab, in deren Zentrum Maria und Johannes zu den Hauptfiguren des Bildes werden. Ebenso standfest wie bewegt behaupten sie sich sowohl in ihren Gefühlen als auch in dem Sturm, der eben über dem Profilbild des gestorbenen Gottessohns losbricht.

Mehrere gleichzeitige Holzschnitte, zum Teil aus einem unvollendeten Projekt einer Passion Christi, weisen auch materiell auf die Hauptquelle des Wiener Cranach-Stils, die Holzschnitte Albrecht Dürers aus der Phase seiner «Apokalypse» (1498). Deren dramatischer, ekstatischer Stil,

Christus am
Ölberg.
Um 1501.
Holzschnitt
(F. R. Abb. 6)

der in der Endzeiterwartung der Jahrhundertwende wurzelt, wird von Cranach manchmal bis in groteske Verwindungen und Verrenkungen hinein gesteigert. Vor allem aber die dichte Verbindung von Figuren und Landschaft, ihre physische Einswerdung etwa im Gebet Jesu am Ölberg von ca. 1501 (J. B. 314), sind eine zukunftsweisende Eigentümlichkeit des Kronachers, mit der er jeder epigonalen Bewertung zu trotzen vermag. Dieselbe Stärke zeigt sich in den wenigen Zeichnungen dieser Zeit, etwa in den Kreidezeichnungen der beiden Schächer am Kreuz (R. 2/3) und dem Blatt Johannes' des Täufers im Gebirge (R. 4), das den Einsamen in der seltsamen Stimmung eines Negativs, weiß auf schwarz, wiedergibt.

Auf die in Angriff genommene Holzschnittpassion hatte der bisher in seinen Werken anonym gebliebene Künstler offensichtlich – auch hierin Dürers Beispiel folgend und in Konkurrenz zu ihm – großen Wert gelegt: Denn erstmals signierte er – auf dem Holzschnitt der Kreuzigung (J. B. 316) – nicht mit seinen Initialen, sondern mit einem Kryptogramm, einer typischen Hausmarke, wie sie Handwerker, zumal Steinmetzen, verwendeten: ein liegendes Zickzack, dessen erster Zacken zu einem Dreieck geschlossen ist, in dem ein Kreuz steht.

Nach alledem scheint es nicht ausgeschlossen, daß der zugewanderte Meister, der er ja bereits war, überlegt die künstlerischen Defizite der im übrigen blühenden Metropole angesteuert habe. Ähnliches mag auch, ein wenig früher aufbrechend, der Augsburger Jörg Breu im Sinn gehabt haben, als er in Österreich seine Altarbilder zu malen begann. Es gab keine ausgewiesenen Porträtmaler am Orte, die das Interesse der Humanisten an diesem Sujet hätten befriedigen können, keine Zeichner für den Holzschnitt, die für den derzeit in Wien aufblühenden Buchdruck erfolgreich hätten arbeiten können. Gerade in diesen Feldern engagiert sich Cranach, wobei er den damals modernsten, nämlich Dürers Stil einsetzte und verbreitete.

Warum soll nicht schon bei dem vielberätselten Wien-Aufenthalt des Künstlers später sprichwörtlich gewordener Geschäftssinn zum Zuge gekommen sein?

Am Ende der Wiener Zeit entsteht auch eines der schönsten, sicherlich das heute beliebteste Bild Cranachs, die Heilige Familie der Berliner Gemäldegalerie (F. R. 10). Die idyllischen Züge sind wiederum durch Dürer angeregt; sie sind indes aus ihrer ikonographischen Heimstatt, dem Weihnachts- und Madonnenbild, in die Flucht nach Ägypten übergewechselt, wo sie der Pause auf der gefahrvollen Reise schöne Entspannung verleihen – ein neues Thema der christlichen Kunst. Die liebenswürdige Szene zeigt sich als Rast der kleinen Familie, gemeinsam mit hilfreichen Engelchen eingebettet in eine «altdeutsche» Landschaft, die in ihrer Selbständigkeit des Themas kaum zu bedürfen scheint. Daß ihm mit diesem Bilde etwas Besonderes gelungen sei, scheint dem Maler bewußt gewesen zu sein, denn er datiert es nicht nur, reichlich kapriziös, auf

Ruhe auf der Flucht nach Ägypten. 1504. Berlin, Staatliche Museen
Preußischer Kulturbesitz, Gemäldegalerie Berlin-Dahlem (F. R. 10)

dem durchsichtigen (Seiden-?)Tüchlein, das er auf einem nassen Stein
ausbreitete (1504), sondern signierte es auf einem weiteren mit den ineinandergefügten Initialen LC: Lucas aus Kronach, wie er sich in der fremden Umgebung, in der er heimisch zu werden suchte, nannte.

Es ist der (frühe) Dürerische Holzschnittstil, den sein Schöpfer auf die

Gattung des Hochdrucks beschränkte, der indes seinen in der Fremde weilenden Landsmann offensichtlich auch bei der Pinselführung inspirierte. So entstand der für den jungen Cranach charakteristische Malstil, der die Bildmotive, lebende und tote, mit expressivem Linienspiel, kräftigem Kolorit und romantischer Stimmung miteinander verwob und eine künstlerische Gegenwelt zu der des Analytikers und Systematikers Dürer während dieser Kunstepoche auszubilden half. Man sieht in den Wiener Arbeiten Cranachs die Inkunabeln des sogenannten Donaustils, der im malerischen und graphischen Werk von Albrecht Altdorfer, Wolf Huber, Hans Leu dem Älteren kulminiert und der auch in der Plastik, etwa Hans Leinbergers, sichtbar wird. Doch lange bevor die «Donauschule» durch die Hand dieser Künstler in Blüte stand, hatte der mutmaßliche Initiator schon einen neuen künstlerischen Weg eingeschlagen.

1504 erhielt Cranach, inzwischen vermutlich in Bayern, seine Berufung als Hofmaler des kursächsischen Herzogs, Friedrichs des Weisen. Die nicht eben alltägliche Offerte beweist, daß der Künstler in dieser Phase seines Lebens den Zeitgenossen, anders als uns, kein Unbekannter war; dennoch aber wohl nur zweite Wahl, denn der Kurfürst hätte etwa Dürer, den er schon reichlich beschäftigt hatte, sicherlich bevorzugt. Ein Jahr später eröffnete er – vierunddreißigjährig und noch unverheiratet – eine Werkstatt in Wittenberg. Der Gang nach Sachsen wird erklärlicher, seit man aus erhaltenen Rechnungen weiß, daß Cranach bereits um 1500, also vor seiner Wiener Reise, in Coburg tätig gewesen ist. Diese westliche Nachbarstadt Kronachs aber gehörte zum sächsischen Gebiet, bis sie 1920 dem Freistaat Bayern beitrat. Zudem residierte hier seit 1499 Herzog Johann von Sachsen als mitregierender Bruder Friedrichs des Weisen. Der Brand und Wiederaufbau des Coburger Schlosses im Jahre 1500 könnte Anlaß für Cranachs dortiges Engagement gewesen sein.

Solche früheren Kontakte mochten hilfreich gewesen sein, als die vakante Stelle des Hofmalers in Wittenberg zu besetzen war; darüber hinaus dürften die Wiener Humanisten, denen auch der Kurfürst nahestand, dank ihrer Red- und Schreibseligkeit den Namen des Malers weiter verbreitet und gesellschaftsfähig gemacht haben. Hier scheint sich auch nördlich der Alpen bewährt zu haben, was in Italien bereits die Regel war: die gleichberechtigte Anerkennung des Künstlers – traditionell ja nur ein Handwerker – durch den Intellektuellen und Wissenschaftler, der den Zugang zum Fürsten auch den Künstlern öffnete.

Ein schriftliches Patent über die Bestellung des Malers existiert nicht und ist wohl auch nicht ausgestellt worden. Die förmliche Erneuerung des Hofamtes (nach seiner Unterbrechung) im Jahre 1552 wirft rückwirkend etwas Licht auf die Ausgestaltung des früheren Vertrags.[4] Die Daten der Beamtung hielten sich im Rahmen des derzeit Üblichen, dürften indes, was den Jahressold in Höhe von einhundert Gulden betrifft, als eher großzügig gelten. Der Vorgänger im Amte, Jacopo de' Barbari, hatte sich mit weniger als der Hälfte begnügen müssen. Die einzelnen Leistungen des Malers wurden zusätzlich nach Rechnung entgolten, so daß der feste Sold als Entgelt für die Residenzpflicht und die ständige Bereithaltung zu werten ist. Teure Materialien wie Gold und Silber wurden gesondert abgerechnet. Ein Hofgewand wurde gestellt; die regelmäßige Ausstattung mit Sommer- und Winterkleidung, auch für die Angestellten des Ateliers, gehörte ebenso zur Sorgepflicht des Fürsten wie die Alimentierung des Pferdes seines Beamten mit jährlich 145 Scheffel und 2 Maß Hafer.

Die Ausgestaltung des Amtes, seine lebenslange Dauer und die ständige Nähe zum Kurfürsten (und seinen beiden Nachfolgern!) ist in der Soziologie des neuzeitlichen Künstlers dennoch ein Novum. Die künstlerisch durchaus ebenbürtigen Zeitgenossen Bernhard Strigel und Hans Burgkmair, die für Kaiser Maximilian arbeiteten, waren nur lose, nebenamtlich mit dem Hof verbunden und wurden unregelmäßig besoldet. Dürer, der unbestritten angesehenste Künstler der Epoche, erhielt sein «Leibgeding» durch den Kaiser als eine Art Ehrensold, der ihn nicht zum Leben am Hofe verpflichtete. Fast alle damaligen Fürsten, weltliche wie geistliche, hatten Maler in ihren Diensten, die die anfallenden künstlerischen, dekorativen und handwerklichen Aufgaben verrichteten. Doch keines dieser Dienstverhältnisse führte auch nur annähernd zu der mit Cranachs Präsenz in Sachsen entstandenen kunstpolitischen Situation, die ausgesprochen monopolistische Züge trägt. Wie es später allenfalls Hans Holbein der Jüngere in England vermochte, standardisierte und, man möchte sagen, imprägnierte hier ein einzelner Künstler aufgrund seiner dominanten Hofstelle und seines straff organisierten Betriebes die gesamte künstlerische Existenz und Erscheinung eines ganzen Landes – nicht nur für seine Zeit, sondern auf Generationen.

Die Persönlichkeit des sächsischen Kurfürsten, der neben seinem Altersgenossen Kaiser Maximilian als der bedeutendste Kunstförderer im deutschen Sprachraum gelten kann, war die Voraussetzung dafür. Friedrich der Weise war der erste fürstliche Gönner Dürers geworden, der ihn auch porträtierte (ca. 1496); er beschäftigte u. a. Hans Wertinger, Konrad Meit, Peter Vischer, Hans Burgkmair, Adriano Fiorentino. Jacopo de' Barbari war mit vierzig Gulden Gehalt und freiem Tisch an der Hofküche von 1503 bis 1505 Vorgänger Cranachs am kursächsischen Hofe gewesen. Des Venezianers Bedeutung als künstlerischer Anreger und Vermittler ist von keinem Geringeren als Dürer ausdrücklich anerkannt worden, in Cranachs Werk ist sie wiederholt zu sehen. Dem fürstlichen Kunstfreund hatte sich Jacopo empfohlen durch ein Schreiben «de la ecelentia de pitura» (sic!), über den herausragenden Wert der Malerei, die es verdiene, gleichberechtigtes Mitglied in der Runde der Artes liberales, der Freien Künste, also der intellektuellen Tätigkeiten, zu werden. Das mag Friedrich gefallen haben, wenn er auch durch den Ausbau der

Albrecht Dürer:
Friedrich der Weise
von Sachsen. 1496.
Berlin, Staatliche
Museen Preußischer
Kulturbesitz,
Gemäldegalerie
Berlin-Dahlem

ärmlichen Provinzstadt Wittenberg zur respektablen Residenzstadt gehalten war, weiterreichende, nämlich auch die konventionellen handwerklichen Anforderungen an das betreffende Hofamt zu stellen.

Die Aufgaben des Hofmalers erschöpften sich keineswegs in der Lieferung von Gemälden religiösen und mythologischen Inhalts sowie von Porträts, Holzschnitten und Kupferstichen: Arbeiten, die die Kunstgeschichtsschreibung berücksichtigt und dokumentiert. Nur etwa 10 Prozent der zu Cranach publizierten Rechnungsbelege betreffen derartige Aufgaben. Darüber hinaus war eine Fülle von Leistungen zu erbringen, die ephemer oder, aus heutiger Sicht, am Rande oder außerhalb künstlerischer Zuständigkeit liegen und meist nur noch durch archivalische Nachrichten und Rechnungen, aber kaum mehr durch Anschauung erkennbar sind. Schlösser waren auszustatten und auszumalen, Jagdstücke, Wappen, Renndecken für Turniere, Möbelbemalungen etc. fielen immer wieder an. Cranach entwarf Hofgewänder, Karnevalsmasken und -kostüme, schmückte Plätze und Räume für Festlichkeiten; er hatte zu beraten und zu gutachten bei Schloßbauten und -ausstattungen, bei der Anfertigung von Medaillen, Prägung von Münzen; ja, er führte so niedrige Arbeiten aus wie den Anstrich von Häusern, Zäunen, Schlitten. Er scheint überhaupt als Agent des Hofes in universeller Weise tätig gewesen zu sein, wie zahlreiche Rechnungen belegen: Er lieferte eine Kanne, einen Silberleuchter, Sanduhren, Pfefferkuchenformen, Wandbehänge, Tuche, Eisen zur Verwendung im Zeughaus. Als Person des fürstlichen Vertrauens, die der Hofkünstler im allgemeinen, Cranach in besonderem Maße war, gab es persönliche und vertrauliche, auch diplomatische Verpflichtungen. Es ist zu vermuten, daß der Erfolg Cranachs in seinem Hofamt – er wurde beim Tode seines Fürsten wie eine Institution auf die Nachfolger vererbt – auch daraus resultierte, daß er sich für keine Arbeit zu schade war. Ein «pictor doctus», ein gelehrter Maler, wie Dürer es war und sein wollte, wäre denn kaum die richtige Figur für ein solches Amt gewesen.

Die kleine Stadt an der Elbe, «in termino civilitatis», am Rande der Zivilisation gelegen, wie noch Luther gelegentlich ironisierte, war durch die wettinische Erbteilung von 1485 zu neuer Bedeutung gelangt, nachdem sie während des Mittelalters Residenz der Askanier gewesen war. Als Sitz der ernestinischen Linie repräsentierte Wittenberg mit seinen rund 2000 Einwohnern und 400 Häusern nun die sächsische Kurwürde, während die Albertiner als sächsische Herzöge ihren Sitz in Meißen nahmen. Durch den für die Ernestiner unglücklichen Ausgang des Schmalkaldischen Krieges fiel die Kur 1548 an den Albertiner Moritz, dessen Wechsel an die Seite des Kaisers kriegsentscheidend gewesen war. Cranach sollte in hohem Alter nicht nur Zeuge, sondern Leidtragender dieser Entwicklung werden. Zunächst jedoch begannen beide sächsischen Häuser, das herzogliche und das kurfürstliche, jeweils mit dem Bau repräsentativer Schlösser, der Albrechtsburg in Meißen sowie des neuen Schlosses mit der Schloßkirche in Wittenberg. Vor allem aber die Gründung der Universität 1502 brachte der bescheidenen Ernestiner-Metropole einen ungeahnten Aufschwung, der mit der Lehr- und Forschungstätigkeit einiger ihrer Professoren, vor allem Martin Luthers, wenig später weltgeschichtliche Dimension gewann.

Die ersten Wittenberger Jahre sind arm an künstlerischen Zeugnissen Cranachs, obwohl eine schriftliche Quelle von 1508/09 gerade in dieser Zeit, in die die Ausstattung der Schloßkirche fiel, von besonders reicher Tätigkeit zu berichten weiß.[5] Die zahlreichen von Friedrich dem Weisen für den Bau gestifteten Altäre, unter ihnen der Hauptaltar mit der Dreieinigkeit von Cranach, sind zumeist entweder im Bildersturm der Reformation oder beim Brand von 1760 untergegangen. Neben einem oder zwei Werken Dürers (dem sog. Dresdner Altar, Dresden, und der «Marter der Zehntausend», Wien) blieb, vermutlich mit dieser Provenienz, der Flü-

Katharinen-Altar. Mittelbild. 1506.
Dresden, Staatliche Kunstsammlungen, Gemäldegalerie (F. R. 14)

gelaltar mit dem Martyrium der hl. Katharina (F. R. 12–15) als 1506 datiertes und mit LC signiertes einziges Hauptwerk dieser Zeit erhalten. Die Komposition der Mitteltafel, die auf Dürers großem Holzschnitt gleichen Themas von 1497/98 basiert, hinterläßt einen ebenso anspruchsvollen wie zwiespältigen Eindruck und dokumentiert, gegenüber den markanten Wiener Werken, ein unentschiedenes Suchen nach einem neuen Stil. Thematisch stand der Altar der Universität, insbesondere der Artisten-Fakultät (was etwa einer philosophischen Fakultät entspricht) nahe, deren Patronin die alexandrinische Katharina war; denn die Heilige hatte es der Legende zufolge vermocht, fünfzig heidnische Philosophen (unter Berufung auf Platon) in dialektischem Disput über die Lehre Christi zu besiegen und zu bekehren. Ihr (erstes) Martyrium auf dem Rad scheiterte am Eingriff himmlischer Gewalt, die hereinbrach «mit großer Ungestümigkeit, daß viertausend Heiden davon erschlagen wurden»[6]: das Thema des Bildes. Bei den derart herumgewirbelten Gestalten sind Körper und Köpfe, offensichtlich bestellte Porträts mit dem Anspruch auf Erkennbarkeit,

Katharinen-Altar. Rechter Flügel.
Die Heiligen Dorothea, Agnes und Kunigunde.
1506. Dresden, Staatliche Kunstsammlungen, Gemäldegalerie
(F. R. 13)

Albrecht Dürer: Das Martyrium der heiligen Katharina.
Um 1497/98. Holzschnitt

nur mühsam zusammenzubringen. Schwer verständlich, daß die Honoratioren der Universität, die doch wohl wiedergegeben sind, sich in solcher mißlichen Rolle haben verewigen wollen; es sei denn, sie ließen sich zugleich mit den schon zuvor als Märtyrer zu Tode gekommenen fünfzig

Philosophen identifizieren, deren Weisheit sich in der Einsicht ihrer Unterlegenheit erwiesen hatte (was aber nicht Gegenstand des Bildes ist). Zur zweiten und endgültigen Vollstreckung des Martyriums steht der prachtvolle Henker mit dem Schwerte bereit, lüstern sein reizendes Opfer musternd. Allein die mutmaßlichen Besteller des Bildes, der Kurfürst und sein Bruder Johann, lassen sich unter einer ihrer Burgen als zwar interessierte, aber doch nicht sehr betroffene Zeugen des Dramas erkennen. Die kompositionellen und figürlichen Unstimmigkeiten – man blicke vergleichend auf die vollendet klassische Komposition des im selben Jahr in Venedig entstandenen «Rosenkranzfestes» von Dürer! – werden indes vom Reichtum des Stofflichen, der Kostüme, des Schmucks wohltätig überlagert. Die Flügel mit zehn weiblichen Heiligen, vor allem die beiden Innentafeln mit den Dreiergruppen – Dorothea, Agnes, Kunigunde sowie Barbara, Ursula, Margarethe – nehmen in ihrem modischen Gestus bereits den distanziert preziösen Hofstil der Zukunft voraus und muten wie die Prototypen der vielen sächsischen Prinzessinnen an, die Cranach mit leichter Hand noch malen sollte.

Einige bedeutende Holzschnitte entstanden in diesem Jahr: Die «Versuchung des hl. Antonius» (J. B. 322), bei der Schongauers berühmter Stich, ergänzt um eine freundliche Landschaft, Pate gestanden hat. Sodann die von Engeln getragene Maria Magdalena (J. B. 326). Es ist der erste weibliche Akt des Künstlers; auf das ikonographisch gebotene Haarkleid der schönen Sünderin hat Cranach, ebenso wie Dürer bei seinem Holzschnitt dieses Themas, verzichtet, hat sie jedoch, im Gegensatz zu diesem (und zur Legende), als junges Mädchen gezeichnet und damit zur Vorläuferin seiner ungezählten späteren Akte im Modus der Kind-Frau gemacht. Auf Dürers hl. Eustachius seines «Paumgärtner-Altars» von 1498 geht auch der großartige Holzschnitt des hl. Georg zurück (J. B. 325), ein nachdenklicher, die Größe seiner ritterlichen Leistung innerlich noch verarbeitender Sieger. Es geht Cranach hier wie allen Künstlern der Epoche: Es war unmöglich, nicht von Dürer beeinflußt zu werden. Doch zählt er zu den wenigen, die *unter* dem Einfluß des Vorbildes und zugleich *neben* diesem stehen und bestehen konnten.

Diese Holzschnitte geben eine Ahnung von der künstlerischen Vitalität der ersten Wittenberger Jahre. Denn vollständig verloren sind die Ergebnisse des hauptsächlichen Engagements, so die Ausmalungen und «Tücher» (als Ersatz für Wandteppiche) des Jagdschlosses Lochau, des Lieblingsortes der Kurfürsten, die in derselben Zeit entstanden. Als infolge der Einführung des Jagdregals unter Kaiser Maximilian I. bald nach 1500 mit dem unbeschränkten Jagdmonopol der Landesherren ein neues Kapitel der Jagdgeschichte begann, blieb Sachsen davon nicht nur nicht unberührt, sondern es nahm durch das Engagement seines Kurfürsten sogar eine Vorreiterrolle ein. Die künstlerische Beteiligung des neuen Hofmalers erschloß dabei einen weitgehend neuen Gegenstand für die

Die Verzückung der heiligen Maria Magdalena. 1506.
Holzschnitt (J. B. 326)

Die Hirschjagd (Ausschnitt). Um 1506. Holzschnitt (J. B. 389)

bildende Kunst: Darstellung von Jagden, Wild und Wildbret. Nach den später noch eingehend zu lesenden Ausführungen Scheurls, die neben Lochau auch Torgau und Coburg nennen, muß es sich bei Cranachs dortigen Arbeiten vorwiegend um diese Sujets gehandelt haben.

Da heißt es zum Beispiel: «Sooft die Fürsten Dich mit zur Jagd nehmen, führst Du eine Tafel mit Dir, auf der Du inmitten der Jagd darstellst, wie Friedrich einen Hirsch aufspürt oder Johann einen Eber verfolgt, was bekanntlich den Fürsten kein geringeres Vergnügen gewährt, als die Jagd selbst.»[7] Erhaltene Ergebnisse der künstlerischen Jagdpräsenz sind Zeichnungen lebenden oder erlegten Wildes (R. 60–67) oder auch der Riesenholzschnitt einer Hirschjagd unter beiden sächsischen Wappen (J. B. 387, um 1506). Hier handelt es sich um eine ausgedehnte Panoramalandschaft, in der alle möglichen Episoden einer gesellschaftlichen Großjagd gleichmäßig, ohne dramatische Höhepunkte, ausgebreitet sind. *Gemalte* Jagdbilder dieser Art sind erst aus sehr viel späterer Zeit erhalten,

25

wie die «Hirschjagd Kurfürst Friedrichs des Weisen mit Kaiser Maximilian» von 1529 (F. R. 281) oder das Bild eines ähnlichen Jagdvergnügens in Anwesenheit Johann Friedrichs des Großmütigen und Karls V. (F. R. 411) von 1544.

Man erfährt aus derselben Quelle, daß die genannten Schlösser mit Darstellungen von Hirschen, Geweihen, bellenden Hunden, mit erlegtem, an die Wand gehängtem Geflügel und ähnlichem mehr bemalt waren. Neben dem dokumentarischen Wert sowohl für die Aufgaben des Hofkünstlers als auch für die Entstehung der im fortschreitenden 16. Jahrhundert allenthalben in Mode kommenden Jagdzimmerdekorationen ist die Scheurlsche Schrift eine besonders beredte und bezeichnende Stimme in der Künstler-Panegyrik der Renaissance. Es ist kein Zufall, daß darin nicht irgendeine, sondern die Leistung im Malen von *Tieren* besonders betont ist.

Dr. Christoph Scheurl aus Nürnberg, Professor der Rechte in Wittenberg, hatte im November 1508 auf dem akademischen Festakt zum Abschluß einiger Promotionen und eines glanzvollen Turniers, das Cranach in drei großen Holzschnitten festhielt (J. B. 392, 394, 396), eine lateinische Pomprede in der Schloß- und Universitätskirche gehalten. Dem Druck des Textes im folgenden Jahre setzte der Autor einen an Cranach gerichteten Widmungsbrief voran, in dem dieser, in vorteilhaftem Vergleich mit antiken und zeitgenössischen Malern, überschwenglich gepriesen wird. Scheurl wird dabei nicht müde, die notorischen Anekdoten aus der Antike über die täuschend echte Wiedergabe von Tieren und Früchten durch die Hand der Zeuxis, Apelles, Protegenes mitsamt den unglaublichsten Irreführungseffekten in jüngsten Arbeiten Cranachs zu aktualisieren; zum Beispiel so: «Mein Lehrer Beroaldus[8] rühmt seinen Landsmann Francia von Bologna[9]; aber er hat nicht Deine Werke gesehen, nicht das herzogliche Gemach zu Coburg, wo Du Hirschgeweihe gemalt hast, nach welchen oft Vögel hinfliegen, die zu Boden fallen, indem sie sich auf Zweigen niederzulassen meinen. Du hast einstmals in Österreich Weintrauben auf einen Tisch gemalt [dies übrigens eines der wenigen buchstäblichen Zeugnisse über Cranachs Wien-Aufenthalt; Anm. d. Verf.], so natürlich, daß nach Deinem Weggang eine Elster herbeiflog und, unwillig über die Täuschung, mit Schnabel und Klauen das neue Werk zerhackte. Zu Coburg hast Du einen Hirsch gemalt, den fremde Hunde anbellen, sooft sie ihn erblicken. Was soll ich aber von jenem Eber sagen, den unser hochherziger Fürst dem Kaiser zum Geschenk schickte, den Du [...] so kunstreich – wie es Dir eigen ist – dargestellt hast, daß ein Jagdhund bei dessen Anblick mit gesträubte Haaren ein lautes Gebell erhob, bald aber sein Heil in der Flucht suchte.»[10]

Ständig wiederholte und variierte Anekdotik dieser Art hatte, so redundant und so schlicht sie auch kunst*theoretisch* gestrickt sein mag, kunst*geschichtliche* Wirkung gezeigt. Es war nicht nur die berühmte Flie-

Das Turnier mit dem Simson-Teppich. 1509. Holzschnitt (J. B. 396)

ge, die aufgeschlagene illuminierte Bücher ebenso ver(un)zierte wie zahlreiche Gemälde der Epoche (u. a. Dürers «Rosenkranzfest» von 1505, Baldungs «Sebastianaltar» von 1507, Cranachs «Vertreibung der Wechsler», um 1509, F. R. 25, Dresden), um so für ihres Malers überlegene Simulationskunst zu werben. Auch neue Kunstgattungen wurden auf diesem Wege provoziert: Trompe-l'œils, vor allem auf die Wand gemalte oder ebenda ohne Rahmen befestigte Abbilder von Jagdtrophäen, wie Scheurl sie im Torgauer Schlosse rühmend erwähnt («[...] hast Du Hasen, Fasanen, Pfauen, Rebhühner, Enten, Wachteln, Krammetsvögel, Holztauben und anderes Geflügel an der Wand hängend gemalt»). Derartiges ist bei Cranach heute nur noch in einigen Wasser- und Deckfarbenzeichnungen nachweisbar, so in dem brillanten Blatt zweier am Nagel hängender toter Seidenschwänze (R. 69). Hierin war Jacopo de' Barbari vorbildlich gewesen, dessen sensationell augentäuschendes «Stilleben» mit Rebhuhn, Eisenhandschuhen und Armbrustbolzen von 1504 (München) ebenfalls am kursächsischen Hof in Wittenberg entstanden sein dürfte.

Cranach hatte sich im Gegenzug bei seinem Lobredner mit einem repräsentativen Porträt revanchiert (F. R. 23), dessen Beischrift den Betrachter in der vorgegebenen Tonlage anspricht: «viator quis Scheurlus magis est an hic an ille» – «Besucher, wenn du Scheurl kennst, welchen

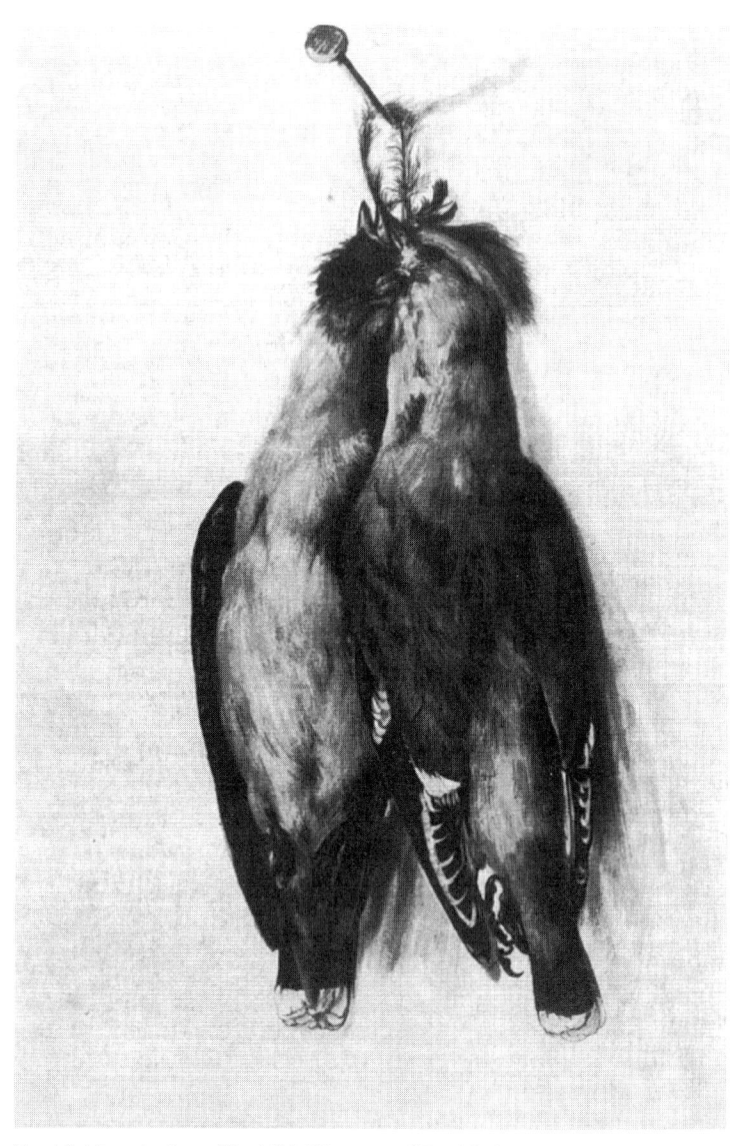

Zwei Seidenschwänze. Um 1530. Wasser- und Deckfarben.
Dresden, Staatliche Kunstsammlungen, Kupferstichkabinett (R. 69)

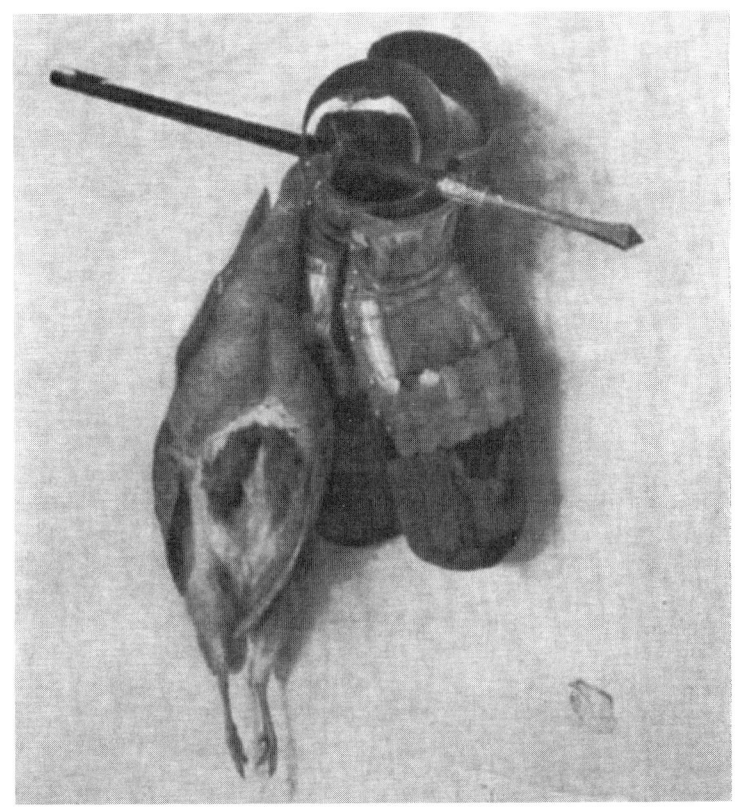

Jacopo de' Barbari: Stilleben. 1504. München, Alte Pinakothek

kennst du besser, diesen [gemalten] oder jenen [leibhaftigen]?». Scheurl erwähnt das Bild am Schluß seiner Rede, verspricht, es gut zu bewahren, und lobt die getreue Wiedergabe seiner Person, die ihn veranlaßt habe, den zitierten Satz auf das Bild schreiben zu lassen.

Der Scheurlsche Panegyrus zeigt Cranach um 1508 durch und durch anerkannt und konsolidiert, am kurfürstlichen Hofe ebenso wie in den Gelehrtenkreisen an der Universität. Ein weiteres Indiz für Cranachs Aufstieg ergibt sich aus der Verleihung des Wappenbriefes durch seinen Landesherrn, ausgestellt bereits am Epiphaniastag 1508. Die in Nürnberg (während des derzeitigen Reichstags) datierte langatmige Urkunde gibt für die bereits erbrachten «angenehmen und gefälligen Dienste» und für deren Fortsetzung «in künftigen Zeiten […] dieses nachbenannte Kleinod und Wappen, mit Namen ein gelen [hellgelbes] Schild, darinnen

Das Wappen Lucas Cranachs d. Ä. 1509. Aus: Venus und Amor. 1509. St. Petersburg, Eremitage

eine schwarze Schlange, hebend in der Mitte zwei schwarze Fledermausflügel, auf dem Haupt eine rote Krone und in dem Mund ein gülden Ringlein, darinnen ein Rubinsteinlein, und auf dem Schild einen Helm [...] also, daß er und seine ehelichen Leibeserben [...] in ewige Zeit dasselbe [...] gebrauchen und genießen mögen»[11].

Das verliehene Bild mutet an wie eine – vermutlich von befreundeten Humanisten ausgeklügelte – «Hieroglyphe», deren versteckte Bedeutung bislang noch nicht verläßlich dechiffriert werden konnte. Es spricht einiges dafür, daß der zu eben dieser Zeit von Cranach für sich verwendete, etwas willkürlich latinisierte Name/Herkunftsort «Chronus» auf Kronos = Zeit bzw. den gleichnamigen Gott der Zeit anspielen will, dessen lateinische Version Saturn den astrologischen Charakter des «saturnischen» Künstlers ausdrückt. Damit ergäbe sich ein ähnlicher Gedankenhintergrund wie bei Dürers berühmtem Stich «Melencolia I» von 1514. Die Schlange mit den Fledermausflügeln spricht jedenfalls für eine entsprechende Deutung. Der Rubinring im Maul der Schlange dürfte auf die fällige Honorierung des Künstlers anspielen.

Daß Cranach künftig überwiegend mit diesem Signet «signierte», es daneben auch als Siegel unter Urkunden verwendete, unterscheidet sich merklich von der zeitgenössischen Praxis. Andere Maler, die ebenfalls ein Wappen führten, wie Martin Schongauer oder Albrecht Dürer, haben nie mit dem Wappenbild, sondern ausschließlich mit ihren Initialen bzw. dem Monogramm signiert, womit sie das betreffende Opus als ihre persönliche Leistung auswiesen. Wenn Cranach das juristisch verbindlichere, aber nicht dem Individuum, sondern der «gens», dem Familienstamme, zugehörige Wappen verwendet, scheint er mehr Wert auf ein Qualitätstestat für einen gut organisierten Werkstattbetrieb gelegt zu haben als auf Eigenhändigkeit und künstlerische Originalität. Dazu würde passen, daß gerade die immer im Rufe besonderer Authentizität stehenden Handzeichnungen bei Cranach auffällig selten mit dem Signet bedacht worden sind. Die weitere Geschichte der Cranach-Themen und des Cranach-Stils, die ausgesprochen standardisierte Züge tragen, scheint sich als erläuternder Begleitumstand, wenn nicht gar als Resultat der frühen Signier-Entscheidung zu erweisen.

Mit der Verleihung des Wappens war auf jeden Fall eine Standeserhöhung, wenn wohl auch nicht eine förmliche Nobilitierung verbunden; erst spätere Nachfahren nahmen das «von Cranach» als Adelsprädikat. Statusverbesserungen wie diese kennzeichnen die Sozialgeschichte des Künstlers seit dem Ende des hohen Mittelalters; nun – um 1500 – besitzen sie keinen Seltenheitswert mehr, was ihren sozialen und beruflichen Wert aber nicht mindert. Für den Künstler war derartige Fürstengunst, wie bereits das Hofmaleramt, insbesondere begehrenswert wegen des damit verbundenen Privilegs, außerhalb des Zunftrechtes arbeiten zu können, das mit seiner wettbewerbsfeindlichen Zielsetzung die künstlerische Dynamik vielfältig hemmte. Außerdem wurde der Künstler in einer Weise gesellschaftsfähig, die den persönlichen Umgang mit dem Fürsten erlaubte – Voraussetzung für gemeinsame Beratung, Planung und Verwirklichung von künstlerischen Vorhaben, wenn diese denn wahrhaft prestigeträchtig sein sollten. Der Hofkünstler konnte ferner zum Begleiter oder Gesandten des Fürsten werden; vermutlich sollte Cranach – dafür sprechen die Termine – im Gefolge der sächsischen Herzöge an der Kaiserkrönung Maximilians im Frühjahr 1508 in Trient teilnehmen. Äußere Umstände verhinderten jedoch die feierliche Begehung des Ereignisses und damit das geplante Aufgebot. Der Maler wurde dann aber im Spätsommer oder Herbst desselben Jahres in einer anderen Funktion, die sein Titel erlaubte, an den Hof des Kaisers nach Mecheln in den Niederlanden geschickt. Obwohl die Mission selbst unbekannt ist, dürfte, wie meist in solchen Fällen, ein politischer Anlaß vorgelegen haben. Eine derartige Künstlergesandtschaft ließ sich zugleich als Aufmerksamkeit an die Besuchten adressieren, die der Maler gegebenenfalls konterfeien konnte. So wird glaubwürdig berichtet, daß Cranach damals den achtjährigen Erzherzog Karl, den späteren Kaiser Karl V., gezeichnet habe, was der Kaiser selbst 40 Jahre später gegenüber dem alten Künstler, im Heerlager bei Wittenberg, in Erinnerung ruft. Scheurl zufolge wurde Cranach in die Niederlande geschickt, damit er mit seinem Talent prunke, was ihm in einem Wirtshaus, wo er Seine Majestät, Kaiser Maximilian, unter dem Beifall der Umstehenden mit einem Stück Kohle aus dem Gedächtnis an die Wand malte, auch gelungen sei. Ungeachtet solcher Erfolge wird man dergleichen Mission im Nebeneffekt auch als eine Art Reisestipendium zu bewerten haben.

Der niederländischen Malerei, die nach wie vor in hohem Ansehen

stand, wenn sie auch inzwischen überragender Häupter entbehrte, war Cranach bisher nur gelegentlich begegnet. Der Maler dürfte sich ihr in dieser Phase, während er seinen reifen Stil noch entwickelte, durchaus aufnahmebereit genähert haben. Die überreiche Maltradition der noch ungeteilten Niederlande war damals, vor dem großen Bildersturm, noch allgegenwärtig; vor allem die Arbeiten des Brüggers Hans Memling scheinen das Interesse des Besuchers erregt zu haben. Unter den Lebenden ragte Hieronymus Bosch hervor, dessen «Jüngstes Gericht» in der Wiener Akademie Cranach später, gegen 1520, kopiert hat (F. R. 99).

Die Begegnung mit dem derzeit modernsten, an Leonardo da Vinci orientierten niederländischen Maler Quentin Massys ist dem Flügelaltar der Hl. Sippe (F. R. 18) in Frankfurt a. M. deutlich anzusehen, der 1509, im Jahr nach der Niederland-Reise für Torgau fertiggestellt wurde. In der

Die Heilige Sippe. 1509.
Frankfurt a. M., Städelsches
Kunstinstitut

durch das Fliesenmuster des Bodens geradezu «italienisch» wohltuend geordneten Räumlichkeit und ihrer überzeugenden figürlichen Ausstattung zeigt sich erstmals ein souveräner Umgang mit den Prinzipien der Renaissance. Vorbild war offensichtlich der themengleiche «Annen-Altar» des Antwerpener Meisters in Brüssel. Indem aber Cranach die zur «Sippe» zählenden Annentöchter Maria Salome und Maria Kleophas von der Haupttafel auf die Flügel schob, entlastete er vorteilhaft den Mittelraum zugunsten der reizenden Szene mit den spielenden älteren Kindern. Den meisten zur «Sippe» gehörigen Mannsbildern hat Cranach erneut Porträts übergestülpt: Alphäus und Zebedäus auf den Flügeln die – reichlich mürrischen – Gesichter der beiden fürstlichen Brüder und Landesherren; Kleophas und Salomas hinter der Brüstung tragen anscheinend die Züge Kaiser Maximilians und eines seiner Hofräte. Neben

Quentin Massys: Annen-Altar. Mitteltafel mit der Heiligen Sippe.
1507/09. Brüssel, Musées Royaux d'Art et d'Histoire

dem auch en détail niederländischen Einfluß – die Frauen tragen die dort landesüblichen Hauben – hat Dürers Vorbildlichkeit noch einmal zugenommen: im Kolorit und besonders in der künstlerischen Erscheinung der Jungfrau Maria.

Im sogenannten Dessauer Fürstenaltar (F. R. 20) von ca. 1510/11 sind die Renaissance-Züge zu einer reinen Figurenkomposition verdichtet. Die Landesherren auf den Flügeln haben, in der Tradition niederländischer Andachtstriptychen, an Porträtgewicht zugenommen, und die der Madonna mit dem Kind assistierenden Heiligen, Katharina und Barbara, stehen in ihrer weltlichen Eleganz dem Bild von Hofdamen nicht nach. Sie weisen voraus auf eine spezielle Leistung Cranachs und seiner Werkstatt: delikate Frauenbilder, die phantasievoll kostümiert oder nackt oder in noch delikaterer Mischung beider Zustände zunehmend ihre Liebhaber gewannen.

Einem ebenso archivierenden wie aktualisierenden Anliegen aber war die Hauptarbeit des Jahres 1509 gewidmet, dem Katalog der Reliquiare in der Wittenberger Schloß- und Universitätskirche, einer Allerheiligen-Kirche. Diesem unter dem Gesichtspunkt seiner kompletten Repräsentanz im Grunde unerschöpflichen Patrozinium verdankt sich die entsprechend unstillbare Reliquien-Sammellust des Kurfürsten und seines Bruders, die bis zu diesem Datum 5005 Reliquien zusammengetragen hatten. In ihren kostbaren spätgotischen Goldschmiedefassungen und -gehäusen – Statuen, Monstranzen, Kelchen, Tierfiguren, Schreinen – vermehrte sich nicht nur ihr geistlicher Wert um materielle und künstlerische Anteile, sondern um einen zusätzlichen Aspekt, die Ausstellungsfaszination des Wittenberger «Heiltums». Das spricht auch der Titel des Druckwerks aus: *Dye zaigung des hochlobwirdigen hailigthums der Stifftkirchen aller hailigen zu wittenburg.*

Mehrfach im Laufe des vorhergehenden Jahrhunderts hatten die Päpste das Ablaßprivileg der Kirche Allerheiligen in Wittenberg übertragen. Ablaß war der Nachlaß vom Konto der zeitlichen Sündenstrafen, den der Bußfertige für bestimmte Leistungen an dem so begünstigten Orte erhielt. Dazu gehörten Gebete vor den Reliquien, zum Beispiel für das Seelenheil der Eigentümer, aber auch Stiftungen zugunsten der Kirche, die im Wittenberger Falle auch der Universität zugute kamen, nachdem diese im Jahre 1507 mit der Schloßkirche vereint worden war. Besondere Indulgenz versprach die einmal jährlich zelebrierte öffentliche «Zeigung» des Heiltums, um deren päpstliche Verbriefung sich der Kurfürst mit Nachdruck bemüht hatte.

Der Heiltumskomplex – es handelt sich um den zunächst größten, aber nicht einzigen seiner Zeit – bildet ein schwer entwirrbares Knäuel unterschiedlichster Motive: Atavistische Volksgläubigkeit und Sorge um das Seelenheil mischten sich mit Sammelleidenschaft und Prestigebedürfnis, mit politischem, kommerziellem und etatistischem Kalkül – umstrahlt gleichermaßen vom Schein der Heiligkeit, der kostbaren Fassungen und der künstlerischen Gestaltung. Alle diese Motive sollten sich, nach dem Willen der fürstlichen Herausgeber, in der Edition von 1509/10 aus der Druckerei von Symphorian Reinhart mit den ca. 120 Holzschnitten Cranachs in ebenso anschaulicher wie handlicher Weise addieren und gegenseitig aufwerten. Als Titelbild mußte der Künstler das Doppelporträt der fürstlichen Brüder voransetzen; einer der ersten seiner wenigen Kupferstiche, dessen bildliche Anforderung in Ermangelung einer passenden Ikonographie nach dem Muster des bürgerlichen Ehepaarbildnisses erfüllt wurde. Ein solcher, hier erstmals praktizierter Buchschmuck, ein Kupferstich in einem Holzschnittwerk, nobilitierte das Opus zu einem repräsentativen Katalog, Vorläufer einer bis heute blühenden Publika-

tionsgattung: wie noch zu Beginn des 20. Jahrhunderts bei privaten Sammlern üblich, nicht zum öffentlichen Verkauf, sondern höchstwahrscheinlich als Geschenk an befreundete Häuser bestimmt. Als Tauschgeschenk für Reliquien mußten auch «etliche Täflein» Cranachs herhalten, wie Friedrich der Weise noch 1519 (nach Luthers Thesenanschlag!) brieflich mit Louise von Savoyen, der Mutter des französischen Königs, verabredete.[12]

Neben den Holzschnitten für das «Heiltum», die sich künstlerisch nur gelegentlich über ihren reproduzierenden Zweck erheben, erbrachte dasselbe Jahr, neben einigen Kupferstichen, eine Fülle weiterer und anspruchsvoller Holzschnitte. Unter ihnen ragten die 14 Blätter der Passion heraus. Mit ihnen trat Cranach erneut in Wettstreit mit Dürer, dessen «Große Passion» (in zwölf Blättern geplant) um die Jahrhundertwende mit sieben fertigen Holzschnitten unvollendet liegengeblieben war. Nun

Marienaltar
(sog. Fürstenaltar).
Um 1510. Dessau,
Staatliche Galerie

konnte Cranach sein großes Vorbild Dürer überholen, der seinen Zyklus, in wesentlich gewandeltem, verfeinertem Stil, erst 1510 fertigstellte. Cranachs Blätter aber verharren, im Gegensatz zu Dürers zunehmender Großartigkeit, in dem verschlungen-turbulenten Duktus der Zeit um 1500, biegen sich gar noch weiter ins Volkstümliche zurück. Auch die Dramaturgie beider Zyklen ist grundverschieden: Während der Nürnberger die Passion in ihrer theologisch-dogmatischen Konsequenz formuliert, akzentuiert der Wittenberger seine Folge gewissermaßen psychologisch-historisch – etwa in der einzigartigen Abfolge dreier ebenso menschlicher wie glaubenspolitischer Konfrontationen: Christus vor Hannas, Christus vor Kaiphas, Christus vor Herodes (J. B. 222, 224, 226) auf dem dritten bis fünften Blatt der Folge. Grotesk, wie des Herodes Thron, der aus vier aufgeblasenen Bällen gebildet scheint, ist zugleich dessen Inhaber charakterisiert: ein Bild der Verächtlichkeit gegenüber

Die Stiftskirche zu Wittenberg. 1509.
Holzschnitt aus dem «Wittenberger Heiltum» (J. B. 461)

dem gedemütigten, die Verantwortlichkeit des Regenten einmahnenden Heiland.

Cranach, der auch hier keine Mühe scheute, ein jedes Blatt (außer der Kreuzigung) unter den Schutz beider Landeswappen zu stellen, die er abwechslungsreich plazierte, zwang sich unter der Macht seines Vorbildes erstmals zur Konstruktion räumlicher Gebilde, was seinem Naturell offensichtlich nicht besonders lag. So kamen denn kaum mehr als allenfalls kursorisch zu nennende Ortskennzeichnungen heraus, was den gra-

dis heiligthums

Zum.x. Ein silber vbergult brustbild sant Sigismundi mit einer kron vnd vil edel gestein
Ein Mergklich groß partickel von dem haupt sant Sigismundj
Summa ein partickel g ij

Sigismund-Reliquiar. 1509.
Holzschnitt aus dem «Wittenberger Heiltum» (J. B. 507)

phischen und emotionalen Turbulenzen der Blätter jedoch keinen Abbruch tut. Diese für uns besonders schätzbaren Qualitäten verhinderten anscheinend die weitreichende Wirkung, die Dürers Passionsfolgen oder auch Hans Schäufeleins «Speculum passionis» von 1507 beschieden war. Dennoch erreichten sie, wie jüngst eine Studie über ihr kunstgeschichtliches Echo ergab (Loecher), als Vorbilder für Retabelmaler und -schnitzer die Niederlande, Ungarn und Schweden, vom mitteldeutschen Raum ganz zu schweigen.

Als Versuch, den Holzschnitt – im wahrsten Sinne – hoffähig zu machen, sind die Bemühungen um Abdrucke in Gold und Silber zu werten. So ließen sich etwa Ritter in schimmernden Rüstungen auf graphischem Wege realisieren; ein solches Blatt, bei dem auf getöntem Papier die Goldwerte des Harnisches mit einer zweiten Platte aufgedruckt wurden, schickte Friedrich der Weise 1507 an Konrad Peutinger nach Augsburg, den Beauftragten Kaiser Maximilians für Holzschnittangelegenheiten. Cranach überließ aber anscheinend diese Erfindung seinem Augsburger Kollegen Hans Burgkmair, der sie erfolgreich anwendete. Die Experimentierfreude und Vielseitigkeit seines Hofmalers scheint den Kurfürsten veranlaßt zu haben, diesen auch mit dem Entwurf von Medaillen zu betrauen, eine in Deutschland noch ungewöhnliche Aufgabe. Tatsächlich hat es große Mühe gekostet, bis die gewünschte Prägung mit dem Bild des Kurfürsten in seinem damaligen Amte als Reichsstatthalter zustande kam; als sie endlich 1514 (durch den Nürnberger Hans Kraft) gelang, war es mit dem schönen, prestigehaltigen Titel allerdings längst vorbei.

In das künstlerisch besonders ergiebige Jahr 1509 fällt endlich auch Lucas Cranachs erster Versuch in der Aktmalerei, dem das Bild einer lebensgroßen Venus mit dem Amorknaben in St. Petersburg zu verdanken ist (F. R. 22). Ein Jahr zuvor war bereits des Künstlers erste mythologische Einlassung zu registrieren: in dem Holzschnitt mit dem «Urteil des Paris» (J. B. 370) – ein Gegenstand, der später noch eine große Rolle in seinem Œuvre spielen sollte. Die drei nackten Göttinnen nähern sich hier ihrem Schiedsrichter mit der kaum gefälligen, eher bedrängenden Körperlichkeit, die man vom frühen Dürer, etwa vom Stich der «Vier Hexen» kannte. Die mittlere der drei, augenscheinlich die spätere Siegerin Venus, die sich am offensivsten präsentiert, kehrt im folgenden Jahr auf eigenem Blatte, sozusagen monographisch wieder (J. B. 372); ein Clair-obscur-Holzschnitt (Tonplattendruck), der zur Behauptung seiner technischen Priorität – mit Blick auf Hans Burgkmairs gleichartige Bemühungen – in täuschender Absicht auf 1506 vordatiert ist.

Die Figur hat nunmehr gegenüber der dicklich gedrungenen Vorgängerin auffällig an Länge und Eleganz gewonnen, behält aber die breithüftige, korpulente Konstitution bei, die neben vielen anderen Gemeinsamkeiten auch die St. Petersburger Venus kennzeichnet. Diese Anfangsgewichtigkeit sollten die ungezählten Venusse, die künftig aus der Wittenberger Werkstatt hervorgingen, später vollständig verlieren, womit sie sich gegenüber dem einschlägigen Körper-Kanon der Renaissance weitgehend isolierten.

Ein strenges Studium des nackten Menschen, wie es Dürer beinahe lebenslang mit dem Ziel betrieb, die natürlichen und ideellen Momente der Schönheit miteinander in Einklang zu bringen, war Cranachs Sache nicht. Auch die Alternative beim Zeichnen und Malen des Aktes, sich von antiken, nackten Bildwerken leiten zu lassen, scheint den Künstler

Venus und Amor.
1509. Holzschnitt
(J. B. 372)

nur am Rande beschäftigt zu haben; hier, bei seinen ersten Akten, den Venus-Figuren des Jahres 1509, war er diesem Modus noch am nächsten, vermutlich in Kenntnis der entsprechenden Stiche des Jacopo de' Barbari – um ihn später gänzlich zu vernachlässigen! Um so bemerkenswerter, wenn auch kaum bemerkt, daß Cranach es war, der trotz der beschränkten Ausgangslage die erste großfigurige Realisation des Themas in der deutschen Kunst zuwege brachte. Dürers zwei Jahre frühere Adam-und-Eva-Tafeln in Madrid lassen sich, trotz des evidenten körperlich-anatomischen Interesses ihres Schöpfers, noch immer in die seit dem Mittelalter sanktionierte Bildtradition der Menschheitseltern einbetten, wenn sie auch mit einem Altarbild nichts mehr zu tun haben. Venus jedoch, die als der Heiden mächtigstes Idol und «Abgöttin» gebrandmarkte Liebes- und Schönheitsgöttin der Antike, hatte ikonographisch immer

Das Urteil des Paris. 1508. Holzschnitt

einen schweren Stand in der christlichen Zeit. Geduldet war sie allenfalls in kosmographischem Zusammenhang, als Personifikation des gleichnamigen Planeten und Führerin der unter ihrem Einfluß Geborenen. Deswegen wohl zeigt sie Cranachs Holzschnitt in der Tradition der Planetenbilder auf Wolken, also am Himmel stehend, den Widerspruch zum Landschaftshintergrund in Kauf nehmend.

Die weitaus suggestivere Erscheinung der *gemalten* Göttin verschanzt sich hinter der ins Bild geschriebenen Warnung an den Betrachter, er möge mit allen Kräften Cupidos Wollust vertreiben, wenn nicht Venus von seiner geblendeten Seele Besitz ergreifen solle («Pelle cupidineos toto conamine luxus / Ne tua possideat pectora ceca Venus»), ein Distichon wohl aus der Feder eines befreundeten Akademikers. Indem so die Verantwortung für die möglichen Folgen des Anblicks dem Betrachter zugeschoben wird, ist der möglichen Zensur der Boden entzogen. Doch Cupidos visierender Blick, während er den Bogen anlegt, stellt die freie Entscheidung bereits wieder in Frage – eine motivische Pointe, die in Manierismus und Barock ihre Zukunft hatte. Sicherlich war dieses erste Bild seines Themas auf Bestellung und nach Maßgabe eines privaten Liebhabers gemalt. Es dauerte noch zehn Jahre bis zur nächsten Venus und noch ein weiteres Jahrzehnt, bis deren Bild zum einschlägigen Repertoire-Stück der Cranach-Werkstatt wurde.

Von des Malers persönlicher Einstellung zu Themen und Sujets wie diesen, die in wachsender Anzahl seinen Betrieb verließen, ist – wie überhaupt aus seinem privaten Leben – kaum etwas bekannt. Es scheint schwer vorstellbar, daß er dermaßen und andauernd seine Kundschaft zu affizieren verstand, ohne selbst affizierbar zu sein. Aber das Bekennen von Affekten hatte er sich in Wittenberg abgewöhnt. Die Notiz von einem verschollenen Bildnis dieser Jahre, einer Anna, Geliebte des Malers, wirft zumindest ein wenig Licht auf Cranachs Mentalität und die seiner akademischen Freunde, die keineswegs das Privileg eines hier einschlägig beleumundeten Willibald Pirckheimer gewesen sein dürfte: Das dem Bild beigefügte Epigramm aus der Feder eines befreundeten Medizinprofessors, Dietrich Bloch, rückt jener Anna, das Palindrom des Namens bemühend, reichlich ungalant zu Leibe: «Die liebliche Anna werde ich genannt, mich malte ein zweiter Apelles, den Sachsens mächtige Fürsten verehren. Wie unser Name umkehrbar ist, so könnte jeder meinen Körper umkehren» («Anna venusta vocor. / Me pinxerat alter Apelles, / Fortes Saxoniae quem coluere duces. / At veluti nostrum multum est versatile nomen, / Sic corpus poterit vertere quisque meum»)[13].

Lebensgeschichte 2
Häusliche und wirtschaftliche Verhältnisse

Auch über Haus- und Familienstand des ansonsten recht umfassend dokumentierten Künstlers weiß man wenig und glaubte bis vor kurzem sogar gänzlich Falsches: so, daß Cranach bereits vor seiner Ankunft in Wittenberg, also gegen 1504, geheiratet habe. Zwar galt der Ehestand normalerweise als Voraussetzung für die Niederlassung als zünftiger Meister; doch wer so, ohne weitere Zeugnisse zu berücksichtigen, argumentierte, übersah die Privilegien des Hofamtes, das auch in einem solchen Falle Dispens zuließ.

Aufgrund dieses durch Dokumente nicht gestützten frühen Ehedatums gelangte man auch zu einem völlig irrigen Geburtsdatum seines ältesten, im Oktober 1537 in Italien gestorbenen Sohnes Hans, von dem es im Trostgedicht von Johann Stigel immerhin heißt, er sei «tenero sub flore juventae», «vere aetatis» («in der zartesten Blüte der Jugend», «im Frühling des Lebens»)[14] verschieden: Spricht man so von einem etwa dreiunddreißigjährigen Mann, in einem Alter also, in dem sich damals gestandene Männer in Analogie zur Lebensdauer Jesu das gültige Bildnis für die Nachwelt malen ließen? Unter dieser zweifelhaften Prämisse ließ sich die maßgebliche Beteiligung des Sohnes in der Werkstatt und an ihren Leistungen – zu Lasten oder zugunsten des Vaters, je nach Blickwinkel des Interpreten – bis an den Anfang der zwanziger Jahre vorverlegen. Nimmt man dagegen das Zitat als die übliche Formel für einen allzu frühen Tod und unterstellt ein Alter von etwa 24 Jahren, so müßte der Sohn gegen 1513/14 geboren sein. Das gesicherte Geburtsdatum des zweiten Sohnes, Lucas des Jüngeren, im Oktober 1515 und die Verheiratung der Töchter Ursula und Barbara 1537 und vor 1541 sowie die Patenschaft Luthers im Jahre 1520 für das vermutlich jüngste Kind, die Tochter Anna, reimen sich besser zu solch revidierter Chronologie. Die Teilnahme der Söhne am Œuvre und die vieldiskutierte Frage des Spätstils werden so zu einem Gegenstand der beginnenden dreißiger Jahre.

Wenn das einzige Argument für das frühere Ehedatum fällt, ergänzen sich alle anderen Nachrichten plausibel zu der Annahme eines späteren Termins, etwa 1512/13. Um diese Zeit muß es gewesen sein, daß der etwa Vierzigjährige eine Barbara, die Tochter des Gothaer Ratsherrn Jodocus

(Jobst) Brengbier, zur Frau nahm. Auch Barbara, die zuvor schon einmal verlobt gewesen sein soll, scheint nicht mehr ganz jung gewesen zu sein. Als sie 1541 starb, heißt es nämlich im Trostgedicht des Johannes Richius, sei sie «bejahrt» und damit zur rechten Zeit («Et quia grandis erat nonne erat apta mori?»)[15] verstorben, ein seltsamer Trostgrund für einen Neunundsechzigjährigen. Vielleicht war wegen des fortgeschrittenen Alters der Braut die Mitgift an den Schwiegersohn recht üppig ausgefallen; denn anders ist das Eigentum eines Hauses am Gothaer Marktplatz, das 1518 in Cranachs Besitz vermeldet ist, kaum erklärlich.

Barbara Cranach dürfte ein typisches, in der Wirklichkeit des Lebens unentbehrliches, für das Gedächtnis aber gänzlich verzichtbares Hausfrauenleben geführt haben. Es existiert weder ein Porträt von ihr, die in dem Hause mit der extensivsten Bildnisproduktion der Epoche lebte, noch eine Grabschrift. Als überliefernswerte Daten blieben allein die Geburten der Kinder und ihr Tod, der allerdings das erwähnte immense Trauergedicht von 304 Distichen wert war, die ihre Tugenden, das eheliche Glück und die Trost- und Trauergründe meldeten. Dürers Agnes war immerhin, wenn auch nur in unschmeichelhafter Rolle als Hemmschuh und Widerpart ihres großen Albrecht, im Gerede der Zeitgenossen gewesen, wozu es vermutlich einer entsprechenden Konstitution bedurfte. Nichts dergleichen bei Barbara Cranach, über deren der Nachwelt vorenthaltener Erscheinung Johanna Schopenhauer postum fabulierte: Cranach habe sich «gegen die gewöhnliche Art der Maler [...] bei der Wahl einer Gattin nicht durch den Glanz äußerer Schönheit leiten lassen [...], daß er sich nie entschließen mochte, sie so zu malen, daß man ihr Gesicht sehen konnte». Andere mochten denselben Sachverhalt, das fehlende Bild, gegenteilig deuten: Aus Eifersucht habe sie ihrem Mann für dessen ungezählte Evas, Lukretias, Venusse selbst Modell gestanden, sei also schön, wie diese, gewesen und aus Diskretion deshalb nie erkennbar porträtiert worden.[16] So sucht die Nachwelt die in ihrer historischen Realität durchaus zuverlässige Dürftigkeit der Quellen zu kompensieren!

Auf jeden Fall war die Verbindung des Malers mit dem Sproß eines Patrizierhauses ein sozialer Aufstieg, der kaum anders als durch die offensichtliche Gunst, in der Cranach bei seinem Landesherrn – auch Herr in Gotha – stand, hätte zuwege kommen können. Um diese Zeit entstand auch ein weiteres, kleineres Bild der Hl. Sippe (F. R. 34), worin der Maler den Usus fortsetzte, Hauptfiguren Porträts aufzupfropfen. Hier ist er es, der sich, wie zuvor seine Landesherren, in der Figur des Alphäus (links) selbst wiedergab. Das in den Zwickeln des rahmenden Bogens auffällig und gleich zweimal en grisaille, «in Stein» verewigte Emblem der «dextrarum junctio», zweier verbundener rechter Hände als Signum der Rechtmäßigkeit und Treue, spricht dafür, daß der Maler das Bild anläßlich seiner Eheschließung geschaffen hat. Das Thema, gottgefällige und gesegnete Fruchtbarkeit, läßt sich als Bitte um Kindersegen und glückli-

Die Heilige Sippe. Um 1510/12.
Wien, Akademie der Künste, Gemäldegalerie

che Geburten in diesem lebensgeschichtlichen Moment kaum mißverstehen und erhärtet, unter der unstrittigen Datierung des Bildes gegen 1510/1512, die These von der späten Eheschließung.

Um diese Zeit war der Maler, der sicherlich ohne größeres Vermögen nach Wittenberg gekommen war, auch wirtschaftlich längst konsolidiert. Es scheint, er habe bereits 1507 ein kleineres Haus erwerben können; sicher ist, daß er nach 1510 ein besonders stattliches Eckhaus am Marktplatz besaß (Schloßstraße 1), das er – bei gleichzeitiger Steuerbefreiung – vermutlich abriß und nach seinen Bedürfnissen neu errichtete. Diesen Hauptsitz, der auch das Atelier enthielt, erbte später der Sohn und Nachfolger Lucas der Jüngere. In kurzen Abständen kamen durch Zukauf auch die benachbarten Grundstücke, Markt Nr. 3 und Nr. 4, hinzu; auf letzterem lag das besonders interessante Apotheken-Privileg, das sich der neue Eigentümer 1520 nochmals verbriefen ließ. Der Komplex der Cranach-Häuser im Zentrum Wittenbergs existiert noch heute, wenn auch gänzlich entstellt und verwahrlost. Zwei weitere Häuser und Landbesitz kamen hinzu, auch sei das Haus in Gotha nochmals genannt. Der Umfang des Immobilien-Engagements ging weit über die familiären und betrieblichen Notwendigkeiten hinaus und verrät, ebenso vermögenssichernd wie vermögensbildend, eigene unternehmerische Interessen. In den zwanziger Jahren war der Künstler nicht nur zum größten Grundbesitzer, sondern auch, nach dem kurfürstlichen Kanzler Gregor Brück, zum reichsten Bürger der Stadt geworden. Das geht hervor aus einer Selbstveranlagung, die wegen der Erhebung einer Heerfahrtsteuer durch den Landesherrn «auf die liegenden Güter der Bürger» im Jahre 1528 fällig wurde. Die fünf Häuser, eine «Bude», mehrere Liegenschaften und Gärten addierten sich auf die Erhebungseinheit von insgesamt 1405 Schock (Silber) und 36 Groschen, was einem Grundvermögen von 4066 Gulden entsprach.[17]

Zu den Einkünften aus Vermietungen, von denen als prominenteste die Aufnahme König Christians II. im Jahre 1523 nach seiner Vertreibung aus Dänemark bekannt ist – ein heraldisches Holzschnittporträt des Monarchen (J. B. 406) und ein gemaltes (F. R. 150) entstanden in diesem Jahr –, kamen weitere Einnahmen aus verschiedenen Gewerben. Da wäre zunächst die erwähnte Apotheke zu nennen, deren erneuertes Privileg bedeutende Vorteile brachte: das Monopol auf dieses Gewerbe in der Stadt, erweitert um branchennahe, aber nicht branchenspezifische Waren, wie Gewürze, Konfekt, Zucker, gefärbtes Wachs, deren Verkauf allen übrigen Krämern (außerhalb des jährlichen Freimarktes) verboten wurde, überdies die exklusive Erlaubnis zum Verkauf von gewürztem Wein. Dazu tritt endlich, da «Lucas selbst zu der Apotheken nicht geschickt und mit andern Händeln umgehet»[18], also fachlich nicht approbiert ist, die großzügige Konzession, das Geschäft von einem Angestellten führen zu lassen. Das Schankrecht für Wein scheint Cranach bereits zuvor mit dem Erwerb eines anderen Hauses erstanden zu haben, wie eine Kämmereirechnung von 1513 ausweist; nun, 1520, dürfte dieses Privileg an die Führung der Apotheke umgewidmet worden sein.

So kann es nicht wundern, daß der malende Unternehmer auch sogleich nach dem derzeit expansivsten Geschäft griff, dem Geschäft mit Büchern. Bislang hatten die Wittenberger Professoren überwiegend in Leipzig drucken lassen, wo auch Holzschnitte Cranachs als Illustrationen

Die Cranach-Häuser am Wittenberger Markt (Eckhaus und folgende rechts). Ausschnitt aus einem anonymen Kupferstich. 1755

verwertet worden waren. Das «Heiltumsbuch» und die «Passion», die in Wittenberg gedruckt wurden, waren die Vorreiter einer Entwicklung, die – seit Beginn der Reformation – den bescheidenen Ort an der Elbe vorübergehend zum führenden Druck- und Buchort in Deutschland machen sollte. Da die Buchdruckerstadt Leipzig unter Herzog Georg, der sich strikt an die Bestimmungen des Wormser Ediktes hielt, für die publizistischen Aktivitäten der Reformation ausfiel, gingen diese naturgemäß auf ihren Ursprungsort, Wittenberg, über.

Luthers Beziehungen zu dem Leipziger Drucker Melchior Lotter dem Älteren, er hatte die 95 Thesen Luthers herausgebracht, veranlaßten dessen gleichnamigen Sohn zur Übersiedlung nach Wittenberg, in – richtiger – Erwartung einer bevorstehenden Konjunktur der Schriften des eben allbekannt gewordenen geistlichen Rebellen. Der bestehende lokale Betrieb von Rhau-Grunenberg, über den der Reformator brieflich gewettert hatte («so dreckig, so liederlich [...], vom Dreck der Typen und des Papiers noch ganz abgesehen!»), wäre den kommenden Anforderungen kaum gewachsen gewesen. In seinem Gepäck brachte der jüngere Lotter die Matrizen der Typen des berühmten Baseler Druckhauses Froben mit, womit der Beginn eines selbständigen und hochwertigen Buchdrucks in Wittenberg gegeben war. Es ist kein Zufall, daß dieses im Hause Cranachs in der Schloßstraße 1 geschah, wo sich Lotter im Dezember 1519 einrichtete und eine erfolgreiche Tätigkeit entfaltete.

Für das größte Projekt, den Druck des von Luther auf der Wartburg übersetzten Neuen Testamentes, schossen der Hausherr und sein Kompagnon, der Goldschmied Christian Döring, das nötige Geld vor. Es erschien nach fünfmonatiger Vorarbeit am 21. September 1522, nach dem Erscheinungsmonat als «Septembertestament» bezeichnet, mit 21 ganzseitigen Holzschnitten von der Hand Cranachs (J. B. 720–740). Die Auflage in Höhe von vermutlich 5000 Stück war schnell vergriffen, so daß bereits im Dezember die zweite Auflage, mit geringen Verbesserungen des Autors («Dezembertestament»), folgen konnte. Bis 1534, als erstmals die Vollbibel erschien, waren allein in Wittenberg 17 Auflagen herausgekommen; doch da war das erfolgreiche Team längst aufgelöst. Der Preis des verkauften Exemplars hatte zehneinhalb Groschen betragen, gebunden vermutlich einen Gulden, den Gegenwert eines schlachtreifen Schweines. Da der Reformator prinzipiell kein Honorar nahm, erbrachte der immense Umsatz zugleich immensen Gewinn. Daran war jedoch der Drucker, Melchior Lotter der Jüngere, mit dem fixe Bogenpreise vereinbart waren, unzureichend beteiligt, so daß dieser sich bald übervorteilt sah. Es kam zum Streit, in dessen Folge Lotter, der zu allem Überfluß durch eine Gewalttätigkeit straffällig geworden war, aus dem Geschäft und dem Haus (1524) verdrängt wurde, nachdem die beiden Verleger bereits 1523 eigene Pressen gekauft hatten. Ein anderer Drucker, Joseph Klug, wurde als Angestellter engagiert. Da Luther nach wie vor die Cranach-Döringsche Presse bevorzugte, aus der zwischen 1523 und 1525 insgesamt 36 seiner Bücher und Pamphlete hervorgegangen sein sollen, gerieten alle übrigen ansässigen Drucker in Auftragsnot und mußten sich mit raschen Nachdrucken der (ungeschützten) Luther-Schriften über Wasser halten. 1528 zog sich Cranach mit seinem Kapital aus der Unternehmung, an der er viel verdient hatte, zurück.

Der Buchhandel, den er gleichzeitig gegründet hatte, wurde bis 1533 in seinem Hause Marktplatz 3 geführt. Er schloß das Geschäft mit Papier ein. Der eigene Laden, in dem auch seine Graphik auslag, machte die Arbeit komfortabel; von den Cranachs mußte niemand, wie etwa Dürers Agnes, auf Märkte und Messen gehen, um die eigenen Produkte abzusetzen. Darüber hinaus bediente sich Cranach weiterer Vertriebsformen, indem er bedürftige Studenten gegen Provision als mobile Händler einsetzte. Als Buchsortimenter war Cranach Hoflieferant, sowohl für die fürstliche Bibliothek im Wittenberger Schloß wie auch für die Handbibliothek in Lochau. Aber auch an Herzog Albrecht von Preußen, der ihm im Jahre 1526 eine Art Blankoauftrag zur Lieferung «aller neuen, guten und leswürdigen Bücher» erteilte,[19] sandte er kistenweise in dessen Residenz nach Königsberg.

Folge des Erfolgs und – vice versa – Stütze von dessen Dauerhaftigkeit war des Meisters schneller Aufstieg in der städtisch-ständischen Hierarchie. Dreißig Jahre lang, zwischen 1519 und 1549, bekleidete er das Amt eines Ratsherrn. Da die Wittenberger Ratsordnung vorsah, daß jeweils ein Drittel der 21 Räte ein Jahr lang regierte, war der Maler in jedem dritten Jahr, also insgesamt zehn Jahre lang, Mitglied der Stadtregierung; dreimal, 1519, 1531 und 1534, zusätzlich in der Stellung eines der beiden Kämmerer (Finanzstadtrat), sodann, in den Jahren 1537, 1540 und 1543, als Bürgermeister. Sein Sohn und die Enkel wußten diese kommunalpolitische Berufung fortzusetzen. So gestellt, darüber hinaus in der ständigen Gunst der Landesherren, die nur wenige hundert Schritte von Rathaus und Atelier entfernt residierten, hielt Cranach alle Fäden in der Hand, um neben den amtlichen auch seine eigenen Geschäfte günstig zu beeinflussen.

Es paßt zu solcher Regsamkeit, daß Cranach auch die familiären Dinge in ebenso vorteilhafte wie respektable Bahnen zu lenken verstand. Neben der Pflege freundschaftlicher und geschäftlicher Beziehungen zu den Honoratioren der Residenzstadt knüpfte er durch die Heirat seiner Kinder besonders wirksame Bande zu den einflußreichsten Personen seiner Umgebung. Zu der Familie des kurfürstlichen Rates und Kanzlers Dr. Gregor Brück waren die Beziehungen des Malers besonders eng. Sein Bildnis von Cranachs Hand (F. R. 341) ist 1533 datiert. Auf der Stufe der folgenden, der Kinder-Generation konnten die Kontakte zur Vernetzung gedeihen: Lucas der Jüngere war (in erster Ehe) mit Barbara Brück verheiratet, Barbara Cranach ihrerseits mit Christian Brück, dem späteren Kanzler von Kurfürst Johann Friedrich dem Großmütigen. Ursula Cranach wurde die Frau des Juristen und künftigen Gothaer Ratsherrn Georg Dasch, Anna, die Jüngste, heiratete den Apotheker Caspar Pfreund, der als Angestellter des älteren Cranach begonnen hatte und später ebenfalls, gleichzeitig mit seinem Schwager Lucas dem Jüngeren, in den Ratsstand aufstieg.

In den Details, nimmt man sie jeweils für sich, ist eine derartige nebenkünstlerische Biographie eines Künstlers in dieser Epoche nicht ganz ungewöhnlich. Besitz von Haus und Land, gewisser, ja bedeutender Wohlstand, die Ausübung von Nebengewerben sind nicht selten nachweisbar. Hohe und höchste Ämter in der städtischen Verwaltung haben auch andere Künstler, etwa Albrecht Altdorfer und Tilman Riemenschneider, eingenommen. In der Summe und der offenbar kalkulierten Verschränkung aller dieser außerkünstlerischen Engagements zu geschäftlichem Zweck dürfte jedoch dem Wittenberger Meister die Krone der unternehmerischen Vielseitigkeit gebühren. Da die Geschäfte, mit Ausnahme von Verlag und Druckerei, wenig Berührung mit der künstlerischen Profession besaßen, kommt man kaum umhin, den Menschen Cranach als überwiegend ökonomischen Menschen zu charakterisieren. Die ebenso strikte wie komplizierte künstlerische Natur eines Dürer, die kompromißlose schöpferische Monomanie eines Michelangelo markieren ein jeweils gänzlich anderes Persönlichkeitsbild, als es bei Cranach zu suchen ist. Gegenüber diesen größten Zeitgenossen, aber auch anderen Künstlern seiner Epoche, scheint der Wittenberger bruchlos in seine Gesellschaft eingepaßt, dabei scheinbar das außenseiterische, widerständlerische Potential des sich freisetzenden Künstlers außer Kraft setzend, wenn nicht gar korrumpierend.

Ist es berechtigt, Cranach deshalb als künstlerisch geringer zu schätzen denn diese anderen, scheinbar typischeren, wie Dürer und Michelangelo? Wir haben lediglich aufgrund der kulturellen Orientierung an einem damals entstehenden und biographisch oft verifizierten, gleichsam absoluten Begriff vom Künstler und vom Künstlerischen eine geringere Meinung von ihm – als von einem, der Kunst und Banalitäten problemlos koexistieren ließ und nebeneinander vermarktete. Aber ist denn Cranachs Kunst als bloßer Teil – wenn auch Hauptteil – seines Fleißes, seiner Erfindungs- und Gefühlskraft, seiner Existenz zu kurz gekommen, um als solche ungeschmälert anerkannt zu werden? Schon die Tatsachen sprechen dagegen: Kein Zeitgenosse erreicht ihn in der Anzahl der Bilder (nahezu jeder Gattung), in der Verwirklichung neuer Themen und Sujets und bisher unbekannter Gefühlswelten, in der Entwicklung neuer ikonographischer Systeme (als Maler der Reformation) und als Präzeptor einer ganzen Kunstprovinz! Nicht «Außenseiter der Gesellschaft», wie man den Habitus des Künstlers seit der frühen Neuzeit auch charakterisierte,[20] sondern ihr Insider zu sein war Cranachs Art und Stärke. Sein Talent realisierte sich nicht in der heroischen Distanz zum gesellschaftlichen Verkehr, sondern in dessen Mitte, und war so imstande, seiner Gesellschaft weitere, und zwar künstlerische Verkehrsformen zur Verfügung zu stellen.

Werkgeschichte 1
Der Hofmaler

Die verbleibenden Jahre des zweiten Jahrzehnts vermitteln in künstlerischer Hinsicht den Eindruck gewisser Stagnation und Unentschiedenheit. Zahlenmäßig ist das Œuvre dieser Zeit keineswegs gering, doch bleiben die markanten Werke aus, die man sich nach den Erfahrungen des ersten Jahrzehnts von dem Künstler erwartete. Es entsteht zwar die Mehrheit der großen, mittleren und kleinen Altäre der vorreformatorischen Zeit und Art: Kaum eine bedeutende Kirche des sächsischen und der benachbarten Kreise blieb unversorgt mit Altären des Cranach-Betriebes, oft in Zusammenarbeit mit Bildschnitzern gefertigt, gestiftet vom Fürstenhaus oder vom lokalen Adel. Aber es fehlt diesen Werken der schöpferische Impetus, so daß sie meist nur als Dokumente, nicht aber als genuine Leistungsbelege des Cranachschen Wirkens gesehen werden. Der Meister selbst ist offenbar seiner Überforderung durch Aufgaben in dieser Größenordnung vor allem mit arbeitsökonomischen Rezepten begegnet, zumal er mehr und mehr von seinen übrigen Geschäften in Anspruch genommen wurde. So hat sich aus etwas späterer Zeit unter den insgesamt nicht allzu zahlreichen Zeichnungen eine größere Gruppe von «Visierungen» derartiger Altäre für das Hallesche Stift erhalten (R. 29–37); ähnliche Vorlagen, die vermutlich lokalen Meistern und Entsandten für die Realisation dienten, dürften auch schon jetzt in Gebrauch gewesen sein. Daß bei diesem Verfahren, das den Austausch von Einzelelementen erlaubte, nicht nur die künstlerische Spontaneität, sondern auch die renaissancetypischen Werte der Komposition, Figurenstatik und Naturwahrheit leiden mußten, liegt auf der Hand; auf die Wahrung des guten Werkstattrufes für Sauberkeit und Perfektion der Ausführung wurde indes weiterhin großer Wert gelegt. Die offenkundigen Delegationen haben dazu geführt, daß man das Problem der Cranach-Altäre beruhigt aus der Hand gelegt hat. So ließ sich zwar die erstaunliche Ausbreitung des Cranach-Stiles begreifen, nicht aber konnte das Authentizitätsbedürfnis der kunsthistorischen Nachwelt befriedigt werden.

Auch die anhaltenden Ausstattungsarbeiten, die den Künstler zu häufiger Abwesenheit nötigten, dürften einer künstlerischen Konzen-

Altarentwurf mit der Beweinung Christi im Schrein. Um 1518/20.
Federzeichnung. Berlin, Staatliche Museen Preußischer Kulturbesitz,
Kupferstichkabinett (R. 31)

tration im Wege gestanden haben. Als Beispiel dafür seien die Arbeiten anläßlich der Hochzeit des späteren Kurfürsten Herzog Johann mit Margarete von Anhalt im Herbst 1513 auf Schloß Torgau erwähnt, an der Zelebritäten in solcher Anzahl teilnahmen, daß nicht weniger als 3265 fremde Pferde in Futter gesetzt werden mußten. Die Dokumente dieser Festlichkeit am 13. November machen die Verpflichtungen des Hofmalers in ihrem ganzen Umfange deutlich. Cranach hielt sich demnach mit zehn (!) Gesellen, dazu wohl noch einigen Lehrlingen, nahezu sieben Wochen in Torgau auf, beschäftigt mit der Gesamtdekoration des Ereignisses. Die dokumentierte Mannschaftsstärke, die ein derartiger künstlerischer Großeinsatz verlangte, demonstriert schlaglichtartig die herausgehobene Stellung des Hofkünstlers gegenüber einem Zunftmeister, der auf einen Kleinstbetrieb verpflichtet war – eine Stellung, die neben ihren quantitativen, ökonomischen auch qualitative Konsequenzen hatte.

Die Abrechnung der erbrachten Leistungen für das *furstlich ehelich Beilager zu Torgaw*[21] nennt vorwiegend dekorative und Routine-Arbeiten: elf Renndecken, dreizehn Stechdecken, zehn Helmzeichen, 42 große und kleine Wappen u. a. m. Cranachs Turnier-Holzschnitte (J. B. 392, 394, 396) können ein Bild davon geben. Als künstlerische Aufgaben im engeren Sinne dürften die so genannten *tebicht* zu werten sein, auf Tuch gemalte Bilder, mit denen die Wände der *stuben do die fursten an der Hochzceyt gesessen,* anstelle von gewirkten Teppichen geschmückt waren. Hier dürfen, neben Turnieren und Jagden, mythologische und allegorische Themen vermutet werden. Der größte Einzelposten (80 Florin) betrifft *gemelde […] in den gemachen und kirchen,* über deren Art und Thematik nur gemutmaßt werden kann. Dahinter können sich, vor allem bei den profanen Stoffen, Innovationen verbergen, mit denen sich der Geschmack der Epochenwende um 1500 von der spätmittelalterlichen, gotischen Tradition der Schloßausstattung abzusetzen beginnt. Erhalten ist davon nichts; es kann jedoch hilfsweise aus dem Epithalamion, dem offiziellen Hochzeitslied aus der Feder Philipp Engelbrechts, zitiert werden, worin dem von Cranach bemalten Brautbett besondere Aufmerksamkeit geschenkt ist.[22] Es lohnt, der verwendeten Themen wegen, ausführlicher zu zitieren:

«Da sieht man auf blauem Wasser den Triton zwischen Najaden und Nereiden. Hier liebkost ein Delphin einen Knaben, von einem anderen wird der Sänger Arion zum Strand getragen. Den kecken Sohn unterrichtet Erycina [Venus] in neuen Listen und befühlt mit der Hand prüfend seine Pfeile. Inmitten der Götter steht der Sohn des Priamus [Paris] eben im Begriff, sein Urteil mit lauter Stimme abzugeben. Apollo, wegen schwerer Schuld aus dem Olymp verwiesen, weidet im Dienst des Königs Admetus auf aemonischer Flur die Schafe. Ihn forderte einst ein Satyr [Marsyas] zum Wettkampfe heraus und verlor als Besiegter seine Haut.

Schon sieht man Latonas Sohn die Hände des Blutenden anfassen und diesen nach seinen Gefährten rufen. Hier behüten die Hesperiden ihre Äpfel, der Sohn Jupiters, Herkules, täuscht den Drachen und trägt seine Beute davon. Bis zu den Amazonen drang Herkules vor und brachte von dort Hippolytes Gürtel. Unter den mäonischen Mädchen soll er einst gesessen haben, und hier sitzt er auch, von Liebe gebrochen; er, der einst das Himmelsgewölbe trug, fürchtet, mit der Weiberhaube bekleidet, die Peitsche der Herrin [Omphale]. Dazu stellte der geistvolle Künstler den mächtigen Salomo, als Beispiel, daß einst die Frauen alles vermochten. An letzter Stelle ist die geschändete Römerin. Das Schwert ist mit Blut bespritzt, die einst sternähnlichen Augen sind halb gebrochen, das Gewand Lukretias gleitet von dem gewölbten Busen; der königliche Liebhaber war bei diesen Reizen der Verzeihung nicht unwert. Was noch von Bildern bleibt, kann ein kurzes Gedicht nicht wiedergeben. Und das hat nicht Parrhasius gemalt, nicht Apelles, auch nicht Aristides, noch der schnelle Protegenes, sondern ein größerer als diese alle, Lucas [...]. Dieser hat mit alten Mären die reiche Lagerstatt geschmückt, und den Herrschaften war das lieb und wert.»

Beschrieben ist ein Mixtum zumeist erotischer Sujets aus klassischer Mythologie, Historie und Altem Testament. Tugendtaten, wie der Raub der Hesperidenäpfel durch Herkules, stehen neben dessen lasterhafter Verfallenheit an Omphale. Aber es herrscht keine einschlägige Tugend-Laster-Systematik. Themen aus dem traditionellen Motivkreis der Weibermacht und Weiberlist spielen herein, aber setzen sich nicht durch. Die Passage zu Lukretias Tat enthüllt vollends die Sorglosigkeit im Verhältnis zu deren signifikanter Tendenz: Der «geschändeten Römerin», die ihre Ehre mit ihrem Leben besiegelt, sei in Anbetracht ihrer Reize doch wohl eine verzeihliche Untat widerfahren! Der Ort des visuellen Potpourris, das Braut- und Ehebett, erklärt den Charakter dieses «Programms»: Es ist kein Ort für ernste Diskurse, sondern augenzwinkernder und animierender Unterhaltung. Salomos Götzendienst, zu dem «seine Weiber neigten sein Herz» (1. Könige 11,3), wird milde als Alterstorheit belächelt, aber doch mehr als chevalereske Geste gegenüber der Braut und Gattin gesehen, keineswegs jedoch als verderblicher Abfall von Gott deklariert.

Hier, am fürstlichen Brautbett, taucht erstmals die Mehrheit der Stoffe auf, die das profane Bild-Repertoire des Cranachschen Kunstbetriebes ausmachen sollte: das Paris-Urteil, Herkules und Omphale, Lukretia, Venus mit Amor. Allein letzteres Sujet läßt sich bereits einmal zuvor nachweisen: auf dem erwähnten Bild von 1509 in St. Petersburg. Wie in der Epoche des öfteren – auch in der italienischen Kunst – zu beobachten, entstanden profane Renaissance-Ikonographien auf dem Wege, daß gewisse Themen aus den exklusiven Zusammenhängen, in denen sie eine öffentlich kaum bemerkte Existenz besaßen, herausgelöst und isoliert vorgestellt wurden. Mit humanistischem Geiste, dem Drange zu den schriftlichen und bildlichen Quellen der Antike hat das kaum etwas zu tun; eher möchte man eine Enthüllungspublizistik konstatieren, die – in diesem Falle – einem Blick in ein fürstliches Schlafzimmer nahekommt.

Dennoch bleibt die hier ein wenig geöffnete Tür in den profanen Bildersaal während der folgenden Jahre dieses Jahrzehnts sozusagen noch angelehnt. Der Maler perfektioniert, um nicht zu sagen: standardisiert zunächst das geläufige religiöse Repertoire, insbesondere das halbfigurige Bild Mariens mit dem Kind. Hier bildet sich der unverwechselbare Modus Cranachscher Weiblichkeit aus: Mehr mädchenhaft als fraulich oder mütterlich, mit schmalen Schultern, darauf ein großer ovaler Kopf mit hoher Stirn und kleiner Kinnspitze, die Augen zu Schlitzen verengt; langes blondes Haar, von durchsichtigem Schleier mehr betont als verhüllt, bildet eine ondulierende Kontur vor einer reizvollen, lichten Landschaft. Der Landschaftshintergrund, der nunmehr der Madonna die freundlich-gefällige Kulisse verleiht, ist aus den frühen Porträts übernommen; die gleichzeitigen Porträts haben ihn längst verloren: Die Dargestellten präsentieren sich ausnahmslos vor neutral-dunkler Folie, als wollten sie ihren Betrachtern keine Ablenkung und keinerlei nicht durch sie ausgelöste Empfindungen erlauben.

Die große Zuneigung zum Marienbild teilte Kurfürst Friedrich der Weise mit seiner marienseligen Epoche in besonderem Maße; die figürlichen Marienreliquiare seines «Heiltums» waren durch die päpstliche Bulle von 1510 als besonders gnadenreich erkannt; noch 1518 stifteten er und sein Bruder der Torgauer Schloßkirche einen kostspieligen Marienaltar (zum Preis von 350 Gulden). Um 1513 schuf Cranach den großen Holzschnitt der Muttergottes, wie sie von Friedrich verehrt wird (J. B. 403). Um 1515 folgte das stattliche Gemälde des Kurfürsten bei der Verehrung der apokalyptischen Madonna (F. R. 83) in Karlsruhe. Mehrfach, so ist dokumentiert, verschenkte er Madonnenbilder von der Hand seines Hofmalers an befreundete Fürsten.

Durch die fürstliche Vorliebe gefördert, mögen sich Quantität und Qualität der Cranachschen Marienbilder zusätzlich erklären. Wenn der Maler eine solche Jungfrau mit dergleichen weiteren Mädchen zusammentat, ergaben sich die reizvollsten Ensembles. Das zeigte sich bereits beim Dessauer Fürstenaltar, wo sich die beiden Landesväter, auf den Flügeln, so einer Versammlung offenbar gerne beigesellten. Der Künstler muß diese seine Stärke für das gefühlvolle Beieinander des schwachen Geschlechts gespürt haben, denn er bevorzugte in auffälliger Weise solche Gruppierungen, die theologisch und kultisch keineswegs einschlägig verlangt waren. Vica versa vernachlässigte er offenkundig das damals so beliebte Thema der Heiligen Familie mit ihrem, in Person Josephs, männlichen Anteil; auch die notorischen Anbetungen der Hirten und

Die Madonna, das Kind auf einem Kissen haltend.
1518. Köln, Wallraf-Richartz-Museum (F. R. 89)

Magier vermied er mit Fleiß, umgab statt dessen Mutter und Kind – unbiblisch – lieber mit weiblicher Gesellschaft.

Die Tradition der Sacra Conversazione, bei der jedoch meistens geschlechtliche Quoten bei der Wahl der assistierenden Heiligen beachtet wurden, liegt diesen femininen Versammlungen zugrunde, die der Maler abwechslungsreich durchzuspielen weiß: halbfigurig und symmetrisch bei einem Bild von ca. 1512/14 (F. R. 37) – im Nebenthema zugleich eine mystische Verlobung der hl. Katharina; dreiviertelfigurig und locker gruppiert bei dem Dessauer Bild von 1516 (F. R. 85); ganzfigurig und asymmetrisch wie bei dem Budapester Gemälde von ca. 1516/18 (F. R. 86).

Fast immer sind es dieselben jungfräulichen Heiligen Margarete, Katharina, Dorothea und Barbara, die sich mit Cranachs Beistand graziös und liebreich um Mutter und Kind gesellen. Das erfolgreiche Motiv modulierte der Künstler künftig, wo immer es sich anbot – auch bei Gruppenporträts und Mythologien. Das Thema Frauen, die er stets jung und lieblich interpretierte, wurde zu einer Spezialität Cranachs. Er malte sie in einer eigentümlich dekorativen und – zumeist – milden Weise, wie man sie sonst in dieser Zeit allenfalls von dem Niederländer mit dem Notnamen des «Meisters der weiblichen Halbfiguren» kennt. Heroische Gegenstände und Manns-Bilder (mit Ausnahme von Porträts), das zeigte sich immer mehr, waren Cranachs Sache nicht.

In diesem Jahrzehnt, unter dem Datum 1515, legte Cranach die umfangreichste Probe seines zeichnerischen Könnens ab. Obgleich er – für uns Heutige – als Zeichner weit weniger in Erscheinung tritt als andere Zeitgenossen – es haben sich etwa 100 sehr ungleichwertige Blätter erhalten –, wurde er doch zur anspruchsvollsten Aufgabe, die sich einem Zeichner seiner Tage stellte, herangezogen, zur Illustration des berühmten Gebetbuches von Kaiser Maximilian. An dem Projekt waren im übrigen die besten Künstler beteiligt: Albrecht Dürer, Albrecht Altdorfer, Hans Burgkmair, Jörg Breu, Hans Baldung Grien. Das Gebetbuch, dessen Text von Hans Schoensperger dem Älteren 1513 in Augsburg in einer gotischen Schrifttype zweifarbig auf Pergament gedruckt wurde, kann als typisches Produkt der Epoche angesehen werden, denn es verbindet die moderne Drucktechnik, die bereits eigenständige Illustrationsweisen entwickelt hatte, mit der Tradition und dem Erscheinungsbild einer illuminierten mittelalterlichen Handschrift. Die Lagen desjenigen Druckexemplars, das für den Kaiser persönlich bestimmt war, wurden den beteiligten Künstlern übergeben, die den Textspiegel mit Rankenwerk und figürlichen Motiven nach einem verbindlichen Modell füllten, als dessen Schöpfer Dürer gilt. Cranach, der sich bei seinen acht Blättern am wenigsten an den Text hielt, konzentrierte sich auf seine Stärke, die Darstellung von Tieren, Landschaften, einer verführerischen Frau, einer Maria etc., womit er sich neben den besten Blättern

Die Madonna mit dem Kind und weiblichen Heiligen. Um 1512/14.
Berlin, Kaiser Friedrich Museum (Kriegsverlust) (J. B. 37)

Dürers behaupten konnte und Baldung und Altdorfer ebenbürtig blieb (R. 21–28).

Es zählt zu den Rätseln Cranachs, warum der originelle Zeichner, der er war, diese Fähigkeit im weiteren fast vollständig unterdrückte, abgesehen von den Bildnis- und Tierzeichnungen, die zum Besten seiner Zeit gehören. Es hat den Anschein, der Künstler habe sich immer konsequenter aller subjektiven Bekundungen enthalten wollen, wie sie im

59

Wiener Frühwerk manifest sind und wie sie ihren ureigenen Tummelplatz auf dem Zeichenpapier besitzen. Nicht jene prozessuale, die Schaffensorientierung, die wiederum den manischen Zeichnern Dürer und Michelangelo, aber auch Leonardo da Vinci eigen ist, kann hier gesucht werden, sondern die strikte Orientierung aufs Produkt. Das künstlerische Geschäft schien eigene künstlerische Gesetze zu entwikkeln.

Das Verhältnis zu Martin Luther

Im Kontrast zu des Malers «femininer» Begabung wurde mit Ablauf dieses Dezenniums seine Beziehung zu einem Manne, einem «teutschen» Mann, für sein weiteres Leben und seine Kunst folgenreich und – in den Augen der Nachwelt – sogar bestimmend: zu Martin Luther. Das Bild des alten Meisters, Seite an Seite mit dem Reformator unter dem Kreuz Christi, wie es der Weimarer Altar des Sohnes Lucas von 1555 zeigt, hat wohl für alle Zeiten die Vorstellung einer hohen Zielen gewidmeten Einmütigkeit, zugleich einer Männerfreundschaft von echtem Schrot und Korn geprägt. Die in Grundzügen bis heute gültige Erinnerung an Cranach, den stets aufrechten, treuen und kernfesten Mitstreiter am großen Werk der Reformation, dem er seine besten künstlerischen Kräfte geweiht habe, empfing ihre Konturen aus der Nähe zum Reformator.

Umgekehrt verdankt sich auch Luthers Bild für alle Zeiten dieser Konstellation. Wann immer über die Jahrhunderte ein Bild des Reformators benötigt wurde, griff man zu den Prototypen von Cranachs Hand – bis heute, wovon man sich etwa auf Werner Tübkes Bauernkriegspanorama in Frankenhausen überzeugen kann. Jenes Bildnis Luthers, ein Kupferstich von 1520, bleibt für uns auch der erste Beleg für den persönlichen Kontakt der beiden Männer, von einigen früheren Cranach-Illustrationen Lutherscher Schriften abgesehen. Zwar wird man annehmen dürfen, daß die Prominenz der kleinen Stadt ohnehin miteinander bekannt war, einen hinreichenden Grund für die Annäherung der beiden Männer ums Jahr 1520 liefert diese Mutmaßung jedoch nicht.

Im Jahre 1520 hatten sich die Ereignisse, die dem Wittenberger Thesenanschlag von 1517 folgten, zugespitzt. Luther hatte, während seines kanonischen Prozesses auf dem Augsburger Reichstag von 1518, abgelehnt, seine Kritik zu widerrufen. Im Juni des folgendes Jahres ließ er sich bei der Leipziger Disputation mit dem Kirchenvertreter Johannes Eck dazu hinreißen, des Papstes institutionelles Selbstverständnis als Vicarius (Stellvertreter) Christi in Frage zu stellen, wohl wissend, daß dies ein Ketzerverfahren nach sich ziehen müßte. Dem Bruch mit Rom folgte die Flugschriftenoffensive Luthers im Jahre 1520: «An den christlichen Adel deutscher Nation», «Von der babylonischen Gefangenschaft

Lucas Cranach d. J.: Altarwerk. Epitaph für Herzog Johann Friedrich
von Sachsen und seine Familie. Mitteltafel mit Sündenfall und Erlösung.
1555. Rechts neben Johannes dem Täufer Lucas Cranach d. Ä. und
Martin Luther. Weimar, Stadtkirche St. Peter und Paul

der Kirche», «Von der Freiheit eines Christenmenschen». In dieser Situation entstand das Bildnis des hochgefährdeten Mannes, der mit dem während des Konstanzer Konzils 1415 verbrannten böhmischen Ketzer Hus gleichgesetzt wurde: eine kantige, willensstarke und energiegeladene, doch auch reflektierte Persönlichkeit, deren physiognomische Charakteristika Cranachs Grabstichel geradezu plakativ-gewaltsam herausskulptiert hat – möglicherweise in bewußtem Kontrast zum gleichzeitigen Kupferstichbildnis von Luthers großem Gegenspieler, dem schlapp und trübsinnig gegebenen Kardinal und Erzbischof Albrecht von Brandenburg, dessen Geldbedarf das Ablaßgeschäft hochgetrieben hatte. Im selben Jahr folgte ein weiterer Stich auf Grundlage derselben Zeichnung, der den rebellischen Mönch in einen sanften Nischen-Heiligen umdeutet und der, im Gegensatz zum ersten Stich, weite Verbreitung und Nachahmung fand (J. B. 210).[23]

Man hat glaubhaft gemacht, daß dieser kurzfristige Image-Wechsel auf Intervention des kurfürstlichen Hofes erfolgte (Warnke), der damals nicht auf Konfrontation, sondern auf Ausgleich und Versöhnung setzte. Nach der schwierigen Wahl Karls V. zum deutschen König und Kaiser, in deren Verlauf Friedrich der Weise von seiner eigenen Kandidatur zurückgetreten war, stand mit dem Wormser Reichstag die wohl letzte Gelegenheit bevor, den Religionsfrieden zu bewahren.

Ohnehin war der gute Wille des Landesherrn durch den von ihm be-

Luther als Augustinermönch. 1520. Kupferstich

Kardinal Albrecht von Brandenburg, Erzbischof von Magdeburg und Mainzer Kurfürst. 1520. Kupferstich

stellten und besoldeten Professor auf eine harte Probe gestellt worden: Luthers provokant termingerechter Angriff auf den maßlosen Ablaßhandel, sein Thesenanschlag am Vorabend des Allerheiligenfestes 1517 am Tor der Schloßkirche, während darinnen bereits der kurfürstliche Reliquienschatz für die Ablaßzeremonie am kommenden Tage aufgestellt war, konnte dem Landesherrn zunächst kaum anders denn als persönlicher Affront erscheinen. Auch Cranach, der Illustrator des «Heiltums», wird um seines großen Beitrags zur nun inkriminierten Sache willen nicht gleichgültig gewesen sein. Dennoch muß er sich bald auf Luthers Seite gestellt haben, für dessen nächste Schriften er bereits ab 1518 Illustrationen beisteuerte. Und 1519, im Jahre seines Aufstiegs in den Rat der Stadt Wittenberg, schuf er das erste reformatorische Flugblatt, den sogenannten Fuhrwagen des Andreas Karlstadt.

Der Theologe Karlstadt, akademischer Kollege und zunächst Mitstrei-

Der sog. Fuhrwagen des Andreas Karlstadt (Ausschnitt). 1519.
Holzschnitt (J. B. 365)

ter Luthers, hatte als propagandistische Vorbereitung der Leipziger Disputation, zu der Luther erst später – allerdings entscheidend – hinzutrat, seine Theorie der Erlösung formuliert und von Cranach in einem Holzschnitt bildlich umsetzen lassen. Dabei kam ein Lesebild heraus, das

> **Passional Christi vnd**
>
> Christus.
> So ich ewre furße habe gewaschen d ich ewir her vñ meyster bin/vill mehr solt yr einander vnter euch die fuße waschen. Hiemit habe ich euch an anzeygung vñ beyspiel geben/ wie ich ym than habe/ alßo solt yr hinfur auch thuen. Warlich warlich sage ich euch/ d knecht ist nicht mehr dan seyn herre/ so ist auch nicht d geschickte botte mehr da d yn gesandt hat/ Wißt yr das? Selig seyt yr ßo yr das thuen werdent. Johan. 13.

Fußwaschung Petri durch Christus, aus dem «Passional Christi und Antichristi». 1521. Holzschnitt

durch zahlreich beigefügte Texte zu der Einsicht überzeugen sollte, daß der Mensch nicht durch eigenes Vermögen, sondern ausschließlich durch Gottes Gnade zur Seligkeit gelangen könne. Der so motivierte «Fuhrwagen» erreicht mit einem Laien als Fahrgast sein Ziel, den Erlöser, während der zweite Wagen, auf der unteren Ebene, mit Klerikern besetzt und mit Geld geschmiert, im Höllenrachen endet. Antithetisch aufgebaut und in seiner durch allegorische Überformung verschönerten Abstraktheit kann dieses erste reformatorische «Bild» als Wegbereiter in die protestantische Ästhetik gelten.

Auf Luthers antirömischen Schriften von 1520 fußt das frühe Hauptwerk der entstehenden religiösen Bildpolemik, das «Passional Christi und Antichristi». In zweimal dreizehn antithetischen Bildern sind das Leben Christi und des Papstes (des «Antichristen») parallel projiziert. Die Holzschnitte des 1521 anonym bei Grunenberg erschienenen Büchleins stammen von Cranach und seiner Werkstatt, die Kommentare aus der Bibel und den päpstlichen Dekretalien von Philipp Melanchthon und

Antichristi.

Antichristus.
Der Bapst maſſ ſich an iglichen Tyrannen vnd heydniſchen
furſten/ſzo yre fueſz den leuten zu kuſſen dar gerreicht / nach zu/
volgen/damit es waer werde das geſchrieben iſt.Wilcher diſer
beſtien bilde nicht anbettet/ſall getödt werden. Apocalip. 13.
Ditz kuſſens darff ſich der Bapſt yn ſeyne decretalen vnuor/
ſchembt rümen. c. cũ oli de pñ. dē. Et ſummus pon.de ſen.excō.

Fußkuß des Papstes durch den König, aus dem «Passional Christi und Antichristi». 1521. Holzschnitt

dem Juristen Johann Schwertfeger. Die synoptischen Bildpaare – verso Christ, recto Antichrist – suchen das christliche Ideal und die päpstliche Wirklichkeit möglichst kraß zu konfrontieren, wobei einzelne Antithesen direkt auf Luther zurückgehen, so bei den Blättern 5 und 6, Fußwaschung versus Fußkuß: «Christus wusch seinen jungern die fusz und trocknet sie, und die jungern wuschen sie yhm noch nie. Der Bapst [...] lesset es ein grosz gnade seinn, yhm seine fusse zukussenn» («An den christlichen Adel deutscher Nation»). Wenn, wie hier gegeben, als prominentester Fußküsser der deutsche König erscheint, und dieser ist noch ein weiteres Mal als Papst-Geschädigter zu sehen, geht die Bildagitation noch über die verbale hinaus und appelliert auch an die politischen Gefühle. Blatt 13 gibt den reformatorischen Anlaß wieder: der Papst, die Ablaßeinnahmen kassierend und stapelweise neue Ablaßbriefe ausstellend; konfrontiert mit Christus, der die Wechsler und Händler aus dem Tempel treibt. Mit der «Vertreibung der Wechsler» tritt eines der künftig wichtigsten protestantischen Bildthemen auf, das Cranach indes schon ein Jahrzehnt früher als ein sozusagen vorreformatorisches Altarbild (F. R. 25) gestaltet hatte.

Das Jahr 1520, in dem die ersten Bildnisse des Reformators entstanden, zeigt Luther bereits als Taufpaten Annas, des letzten Kindes von Cranach, was die Männer zu Gevattern machte. Über die auf der Heimreise vom Reichstag in Worms simulierte Entführung Luthers, deren Nachricht Dürer in den Niederlanden zu seinem bewegenden Klageruf veranlaßte, war Cranach im voraus informiert; aus Frankfurt hatte ihn der Brief seines Gevatters erreicht mit den ersten Nachrichten von den Wormser Ereignissen und der Bemerkung «ich lasse mich eintun und verbergen, weiß selbst noch nicht wo»[24]. Um diese Zeit entstand der Kupferstich mit dem Profilbildnis Luthers als Mönch mit Doktorhut. Die lapidare Wucht des Bildes mit dem energischen Profil auf dunklem Grunde scheint als Monument in schwankender Zeit gedacht, während der Reformator unter dem Schutz seines Landesherrn auf der Wartburg das Neue Testament aus dem griechischen Urtext übersetzte. Ein wenig später, Luther war im Dezember 1521 inkognito kurz in Wittenberg aufgetaucht, erscheint der Holzschnitt des nunmehr bärtigen «Junkers Jörg» (1522), erneut einer der markigsten und kräftigsten Männerköpfe der Epoche. Nach derselben Zeichnung entstanden auch Gemälde des «Junkers», eines davon halbfigurig, ein Schwert führend (F. R. 149).

Während der durch die Reichsacht und den päpstlichen Bann erzwungenen Abwesenheit Luthers entfaltete Karlstadt in Wittenberg unter dem Einfluß zweier hinzugestoßener «Zwickauer Propheten» (Wiedertäufer) eine rasch sich radikalisierende Religions- und Kirchenpolitik; man begann die Klöster und Stifte gewaltsam aufzulösen, die Forderung nach dem Laienpriestertum zu verwirklichen, reichte das Abendmahl in beiderlei Gestalt. Erhebungen in Erfurt, Gotha und Zwickau bahnten sich an: Die eben erst begonnene Reformation drohte nicht nur ihrem Urheber aus den Händen zu gleiten, sondern in soziales und politisches Fahrwasser zu geraten. Dabei versprach insbesondere der Aufruf Karlstadts zum Bildersturm einen offenen Aufruhr zu entfesseln.

Der Theologe, der noch drei Jahre zuvor mit Cranachs Beistand als Begründer einer protestantischen Ikonographie gelten konnte, hatte am 28. Januar 1522 mit der Schrift «Von abtuhung der Bylder/Und das keyn Betdler unther den Christen seyn sollen» den Bilderkampf in der Neuzeit eröffnet. Die seit frühchristlichen Tagen, wenn auch oft verdeckt, immer virulent gebliebene Bilderfrage stellte sich hier aufs neue, nicht nur aus den alten theologischen, sondern auch aus gegenwärtigen sozialen Motiven. Das gerade machte den bilderstürmerischen Impetus aus, seine Überzeugungskraft und seine Aggressivität. Nicht zufällig hatte Karlstadt bereits im Titel seiner Schrift auf die Bettlerfrage hingewiesen, die er mit den bei den kostspieligen «Bildern» einzusparenden Mitteln zu lösen versprach. Solche Verknüpfung war ebenso populär wie massenwirksam. Im übrigen prangerte der Autor in radikaler Auslegung des ersten Gebotes «Du sollst keine fremden Götter anbeten» (Karlstadt) die kirchliche Praxis an, daß «geschnitzte und gemalte Ölgötzen auf dem Altar stehen». Gottes rein geistige, nur durch die Heilige Schrift und seinen Sohn offenbarte Existenz wird antithetisch gegen die Materialität und Sinnlichkeit der Bilder gekehrt, die «auff nichts anders dan uf lauter und blos fleisch» deuten.

Cranach hatte bei seiner Illustration der Zehn Gebote, einer Tafel von 1516 für die Gerichtsstube des Wittenberger Rathauses (F. R. 77), heute in der Wittenberger Lutherhalle, deren erstes Diktum als die konventionelle gotteslästerliche Anbetung eines nackten Heiden-Idols charakterisiert: So war man es seit Generationen der Bilderfreundlichkeit gewohnt, mit dem bilderfeindlichen Thema umzugehen. Nun mußte der Künstler gewärtig sein, selbst als ein Urheber der Idolatrie bezichtigt zu werden, wo er doch in großem Umfange derartige «Ölgötzen» gemalt und auf die Altäre gestellt und ausgerechnet im Moment einen Großauftrag dieser Art für das Hallesche Stift Kardinal Albrechts in Arbeit hatte!

Man kann sich in diesem über Jahrzehnte währenden bilderkritischen Zustand die Gefährdung der künstlerischen Existenz nicht ernst genug vorstellen: scheinbar unbegreiflich in der Epoche, die doch eben erst den Künstlern und den Künsten eine nicht gekannte Freiheit beschert hatte, eine Freiheit indes, die – in Anspruch genommen – die Reaktion zu provozieren schien. War denn nicht bemerkt worden, daß doch das «Bild», das magisch aufgefaßte Institut der Heilserwartung, längst zu «Kunst» mutiert war, einem Artefakt, das ureigenen, nämlich künstlerischen Bedingungen seine Erscheinungsweise verdankte? Die offenkundige Artistik, die etwa in zeitgenössischen Schnitzaltären stupende Formen angenommen hatte, hätte die Werke eigentlich vor dem Idol-Vorwurf schützen müssen. Statt dessen schienen sich die beiden einander widersprechenden Potenzen «Bild» und «Kunst» zu einem überdimensionalen Feindbild zu summieren!

Der stets zum Nachdenken und Grübeln bereite Dürer nahm die Lage so ernst, daß er sein Buch zur «Unterweisung der Messung» mit der Aussicht auf den möglichen Untergang der Künste und der Perspektive ihrer späteren bibliothekarischen Errettung begründete – für den Fall, daß man nicht begriffe, daß Gemälde und Skulpturen nicht geeignet seien, einen Menschen zum Aberglauben zu bewegen. Von Cranach, der sich nie intellektuell vernehmen ließ, besitzen wir keine entsprechenden Äußerungen; er wird jedoch als Maler, Besitzbürger und Mitglied des Stadtregimentes – allesamt Rollen, in denen er sich tangiert, wenn nicht bedroht fühlen mußte – das Gebotene getan, möglicherweise Luther zum Eingreifen veranlaßt haben. Bekanntlich schritt der Reformator, indem er am 6. März 1522 gegen den Willen des Kurfürsten die sichere Wartburg verließ, in seinen acht Predigten in der Woche nach dem Sonntag

Invocavit gegen die Bilderstürmer ein; es gelang ihm, die religiöse und bürgerliche Ruhe wiederherzustellen. Der Rat von Wittenberg dankte es ihm mit einer Gabe von achtdreiviertel Ellen Tuch für einen Umhang und etlichen Kannen Weines.

Es wäre allerdings völlig verfehlt, Luther als einen Freund der Bilder oder Künste zu sehen, etwa in der Weise, wie er der Musik zugetan war; seine Freundschaft zu dem Maler hatte sicher andere als künstlerisch-schöngeistige Beweggründe. Theologisch und theoretisch dürfte er Karlstadts Ansichten gar nicht so fern gestanden haben; aber er wußte doch in der entscheidenden Situation den Unterschied zu machen: Nicht um Bild oder Nichtbild konnte es gehen, sondern um die Art und Weise seines Gebrauchs. Er predigte: das Kruzifix, das er sehe, sei nicht sein Gott im Himmel, sondern nur ein Zeichen. Insofern seien die Bilder weder gut noch böse: «man mag sy haben oder nit haben». Diese Neutralität wandelte sich aber mit der Zeit in die bekannte Toleranz gegenüber Bildern, etwa zum Zwecke der Illustration, Ermahnung und Erbauung.

Mit dieser Vorgabe, die eine bescheidene – protestantische – Bildwelt erlaubte, aber nicht eben eine Kunstblüte versprach, mußte und konnte der Cranachsche Betrieb leben. Die *künstlerischen* Einbußen dürften sich nach dem Rückgang des Altarbild-Geschäfts, anders als die *wirtschaftlichen,* in Grenzen gehalten haben – zumal bei Cranachs Gewohnheit, die Großaufträge überwiegend durch die Werkstatt, möglicherweise auch durch Subunternehmer vor Ort ausführen und besonderen Ehrgeiz vermissen zu lassen.

Während die künstlerischen Früchte der Begegnung mit Luther, sieht man von den Porträts ab, eher sauer blieben, bewährte sich die Gevatternschaft der beiden Männer im Alltagsleben der Stadt. So, als es im Jahre 1520 zu heftigen und blutigen Studentenkrawallen kam, ausgelöst anscheinend durch das forsche Auftreten der Cranachschen Gesellen in der städtischen Öffentlichkeit, worüber eine amtliche Akte unter der Aufschrift «Der Studenten Ufflauf wider Lucas Cranach den Maler» angelegt wurde. Jedenfalls sahen sich die Studenten von adligem Stande provoziert, ja geradezu entehrt, nachdem sie durch den Landesherrn wegen ihrer rüpelhaften Sitten nicht nur der städtischen Gerichtsbarkeit unterstellt, sondern zusätzlich des Tragens von Waffen entblößt worden waren. Vor allem führten sie bittere Beschwerde gegen diejenigen, «die noch heute dieselbigen [Waffen] abzulegen kein Anzeichen geben, zuvörderst Lucas Moler mit etlichen seiner Gesellen, welche ihre Gewehre [...] zum Hohn gemeinem Adel, seit es ihnen verboten, nicht zu enträumen gesonnen» waren.[25] Im Gefolge der Auseinandersetzungen, in denen Richter und Polizei die Cranachschen Gesellen bevorzugten, fiel der Rektor der Universität, der sich offen auf die Seite der Studenten gestellt hatte, in Ungnade. Für Luther, der sich ebenfalls in die Sache einschaltete, war dieser «ein toller Mensch, der den Aufruhr der Studenten gegen den Senat [gemeint ist der Rat der Stadt] und die unschuldigen Bürger entflammte, den er dämpfen sollte»[26].

Offensichtlich erfreute sich der Hofmaler, zusätzlich gedeckt durch seine hohe städtische Stellung und Luthers gelegentlichen Beistand, einer bemerkenswert unanfechtbaren Position. Davon zeugt auch ein Brief Luthers an Spalatin, den kurfürstlichen Sekretär, aus dem Jahre 1523, worin er sich verwendet für einen «Lohnmaler» von Lucas (in der Marginalie Spalatins: Hans von Schmalkalden), der sich wegen eines einige Jahre zurückliegenden Totschlags, angeblich entgegen einem früher ausgesprochenen Verfolgungsverzicht, nunmehr der Strafbedrohung ausgesetzt fühlte. Seine Gefälligkeit dem Gevatter gegenüber schließt der Reformator mit der feinfühligen Ermahnung: «Nichts muß nämlich zarter behandelt werden als ein schuldiges Gewissen, das sich selbst Strafe genug ist.»[27]

Bald ergab sich die Gelegenheit, bei der sich nunmehr der Maler seinem geistlichen Freunde erkenntlich zeigen konnte. Denn Luthers, des abtrünnigen Mönchs, Eheschließung mit Katharina von Bora, der entlaufenen Nonne, im Jahre 1525 war ein Politikum ersten Ranges, das nicht nur, zum Skandal geworden, seinen Gegnern in die Hände spielte, sondern auch den Wohlgesonnenen bedenklich schien. Die Unternehmung war stillschweigend angelaufen, auch die besten Freunde waren nicht informiert worden. Auf niemanden hatte sich Luther in der heiklen Situation so sehr verlassen können wie auf Cranach, der für ihn, in Anwesenheit eines Juristen, die Brautwerbung vornahm und sich anschließend als Trauzeuge zur Verfügung stellte. Auch das Hochzeitsmahl fand, sicherlich zur Vermeidung von unnötigem Aufsehen, nach Melanchthons Auskunft, in kleinstem Kreise statt: «er lud lediglich Pomeranus [Johannes Bugenhagen], den Maler Lucas und den Rechtsgelehrten Apellus [Johann Apel, den erwähnten Juristen] zum Abendessen ein und veranstaltete die übliche Hochzeitsfeier.»[28]

Nach dem Ereignis allerdings trat man gemeinsam die Flucht nach vorn, in die Öffentlichkeit, an. Eingeübt auf das taktische Porträtieren, schien den Beteiligten die öffentliche Präsentation des Reformators im Ehestande eine sympathische Rechtfertigung für den umstrittenen Schritt. Cranach malte das Doppelbild der Eheleute, dessen früheste erhaltene Fassung, zwei kleine Rundbilder, 1525 datiert, bald nach Basel gelangte (F. R. 187/188), wo Holbein das Lutherbild als Vorlage für seinen Holzschnitt benutzte. Die nächstdatierte Version von 1526 gibt das Paar halbfigurig im üblichen Rechteckformat wieder (F. R. 189/190). Mindestens zehn Exemplare dieses anläßlich der Hochzeit gemalten Bildnispaares sind in verschiedenen Formaten erhalten, überwiegend 1525 oder 1526 datiert. Wenn man davon ausgeht, daß Datierung und Herstellung übereinstimmen, dürfte die junge Ehe des Reformators gleich zu Beginn von einer wahren Bildoffensive begleitet gewesen sein.

Doppelbildnis
Martin Luther und
Katharina von Bora.
1526. Paris,
Privatbesitz
(J. B. 189–190)

Diese propagandistische Deutung wird unterstützt von einem Ausruf Luthers, den er gemacht haben will, als er das Bild seiner Frau von Cranachs Hand gesehen habe: «Ich will einen Mann dazu malen lassen und solche zwei Bilder gen Mantua auf das Consilium schicken und die heiligen Väter, allda versammelt, fragen lassen, ob sie lieber haben wollten den Ehstand oder das Zölibat [...].»[29] Wenn sich auch die Abfolge von Bild und Gegenbild eher umgekehrt abgespielt haben wird, spricht dieses aus dem Jahre 1537 rückblickende Zeugnis für Luthers offensive und praktische Mentalität.

1528, drei Jahre nach den ersten Bildnissen des Paares, Cranach war längst Taufpate des ersten Luther-Kindes, erschien eine neue, dem Zeitlauf angepaßte Auflage des Doppelbildes (F. R. 312/313); die Eheleute sind gereift und in die Breite gegangen, der Reformator trägt nun das

Barett, die lutherische Amtstracht kündigt sich an. Mindestens sechs Doppelbilder und ebenso viele Einzelbilder des Mannes aus diesem Jahr sind heute noch zu zählen.

Die Bildnispaare folgen dem konventionellen Schema des Allianzbildes, das die Partner – getrennt – auf Einzeltafeln präsentiert. Es scheint, der Maler habe, anders als bei seinen frühen Wiener Pendants, die Personen separiert aufgenommen, denn einer authentischen Komposition widersprechen sowohl die Blickrichtungen als auch der figürliche Aufbau. Die im zeitgenössischen Ehepaarbild entwickelten Möglichkeiten, auch den Werten der Subjektivität und Innerlichkeit Raum zu geben, blieben ungenutzt. Die formalen Kriterien der Ehe behaupten unmißverständlich das Feld. Die Form und der Geist dieser Ehestandsbildnisse verlangen nach Prolongierung durch Aszendenten und Deszendenten;

Doppelbildnis
Martin Luther und
Philipp Melanchthon.
1532. Dresden,
Staatliche
Kunstsammlungen,
Gemäldegalerie
(F. R. 314/315)

tatsächlich ergänzte Cranach im Jahre 1527 die Bildnisse des Ehepaars Luther entgegen der genealogischen Laufrichtung durch die Bildnisse der Eltern des Reformators (F. R. 316/317) im Sinne einer – künftigen – Ahnengalerie.

Der letzte Typus des Lutherbildnisses nach jenem des Fünfzigjährigen (F. R. 314) entstand 1539 (F. R. 423), ohne daß – wie schon zuvor – ein dazugehöriges Bild der Ehefrau bekannt wäre; das Problem der Eheschließung Luthers, der doppelte Bruch des Zölibats, hatte sich erledigt. Der nun Sechsundfünfzigjährige verkörpert, massig und gesetzt, mit der Bibel in der Hand, protestantische Festigkeit und Zuversicht, wie man sie sich von dem Dichter des Reformationsliedes erwartet. Es ist das Bild des nach dem Nürnberger Religionsfrieden erfolgreichen Reformators, das Vor- und Urbild ungezählter lutherischer Pastorenbildnisse in diesem und den folgenden Jahrhunderten.

Auch die Zeitgenossen erkannten das Ungewöhnliche, ja Maßlose der protestantischen Propaganda mit dem Bilde des Reformators. Stigels erwähntes Trostgedicht auf den Tod von Hans Cranach 1537 spricht, sicher übertreibend, von «an die tausend» Bilder Luthers von dessen (!) Hand, eine Zahl, die es unmöglich mache, sie angemessen zu würdigen;[30] aber das einfache Volk ehre bereits dieses Geschenk!

Die Beziehungen des Malers zu dem nächstprominenten Reformator, Philipp Melanchthon, hauptberuflich Gräzist an der Wittenberger Universität, sind bis heute undeutlich geblieben. Beide werden sich gut gekannt haben, wie Melanchthons Mitteilung über Luthers vertraulich gehaltene Eheanbahnung und Eheschließung bezeugt. Es existiert aber kein eigenständiges, persönliches Porträt des berühmten Humanisten, was um so merkwürdiger ist, als der Maler sich fürs Konterfeien der Universitätsprominenz zuständig fühlte. Erst 1532 setzte er ihn ins Bild, aber nicht als Mann von eigenem Maße, sondern als Luthers Pendant, an die Stelle, die bislang dessen Gattin eingenommen hatte (F. R. 314/315). Ebenfalls dutzendfach wiederholt und weithin verbreitet, scheint nunmehr, zumindest für das reformatorische Außenbild, diese Männer-Verbindung an die Stelle der ehelichen getreten zu sein. Das bleibende Bild Melanchthons schuf derweil Dürer in dem berühmten Kupferstich von 1526.

Zwei Bemerkungen des Humanisten über den Maler haben immer

wieder besonderes Interesse erregt. In der Abhandlung «Elementorum rhetorices libri duo» («Über die Anfangsgründe der Redekunst») von 1532 versucht der Philologe Melanchthon die drei literarischen Genera der antiken Poetik mit einschlägigen künstlerischen Beispielen aus der Gegenwartskunst zu veranschaulichen: «In der Malerei sind diese Unterschiede leicht erkennbar. Dürer beispielsweise malte alles erhaben und bedeutend [grandiora], differenziert durch reiche Linienführung. Cranachs Bilder dagegen sind schlicht, bzw. schmächtig [graciles], und obwohl sie einen einschmeichelnden Charakter [blandae] haben, so offenbart der Vergleich mit Dürers Werken dennoch den großen Abstand. Grünewald [Matthias] steht irgendwie in der Mitte.»[31] Die Charakterisierung Dürers und Cranachs ist durchaus einleuchtend; den Ekstatiker Grünewald, falls er denn wirklich gemeint ist, trifft die Platzanweisung in der Mitte weniger überzeugend. Obwohl die rhetorischen Genera keine Rangfolge, sondern nur eine vom Zweck der Rede bestimmte Vortragsweise definieren, haftet der Melanchthonschen Auslegung gleichwohl eine Wertung an, die den Wittenberger als schlicht und gefällig weit unter Dürer stellt. Diese Einschätzung mag einer engeren Beziehung beider Männer nicht besonders förderlich gewesen sein. Der so groß herausgestellte Dürer selbst hat die mitschwingende Abwertung seines Lobredners gegenüber Cranach nicht geteilt: Der Nürnberger habe, wie der Poet Johann Stigel, der es selber aus dessen Munde gehört haben will, in seiner Gedächtnisschrift auf den frühverstorbenen Hans Cranach mitgeteilt, Lucas «unter allen Malern unseres Zeitalters wegen der Anmut, dem Liebreiz [venustas] und der Gefälligkeit, der Leichtigkeit [facilitas] vorgezogen»[32]; vielleicht, weil er – Dürer – diese Vorzüge selbst so empfindlich entbehrt hat!

Die zweite Äußerung Melanchthons stammt aus einem Brief von 1544 an eben jenen Stigel, worin der Absender sein Entzücken über ein Gedicht des Adressaten bekennt. Darin sei seine, Melanchthons, Meinung «mit lebhaften Farben koloriert» («velut vivis coloribus») wiedergegeben, was ihn zu dem Vergleich anregt: «Es kommt mir dabei das Verfahren Lucas' des Malers in den Sinn, dem ich bisweilen meine für die Bibel entworfenen Bilder [praeformatas imagines] vorzugeben pflege.»[33] Man darf aus dieser Bemerkung schließen, daß die Reformatoren wohl wußten, welch wertvolle Unterstützung sie in dem Maler bei der Verbreitung ihrer Glaubensartikel besaßen, und daß sie, in propagandistischer Absicht, Einfluß auf sein Schaffen nahmen. Des Malers Einstufung ins unterste, das heißt das schlichte und volkstümliche Genus Melanchthons, widerspricht solcher Schätzung nicht, wird vielmehr diesem Interesse erst gerecht.

Werkgeschichte 2
Repertoire und Bilderfindungen

Im Jahre 1525 starb Kurfürst Friedrich III., der Weise, der Cranach zwanzig Jahre zuvor an seine Residenz gerufen hatte. Der Maler war mittlerweile sowohl am Hofe wie in der Stadt zu einer Institution geworden, so daß der Nachfolger im Amte, Johann, genannt der Beständige, wohl kaum Veranlassung hatte, über die Position des Hofmalers neu nachzudenken. Cranach wurde offensichtlich stillschweigend vom Vorgänger übernommen.

Neben Dürer, der Friedrich III. bereits 1496 gemalt und noch 1524 im Kupferstich verewigt hatte, war es Cranach, der für das bleibende Bild des allgemein angesehenen Fürsten am nachhaltigsten gesorgt hatte. Nun fiel ihm noch die Aufgabe zu, das Grabdenkmal des Verstorbenen zu entwerfen. Der eigenhändige Brief, in dem der Künstler dem Auftraggeber, dem neuen Kurfürsten, den Vollzug meldet, wirft einige Rätsel auf, so etwa, wenn Cranach ankündigt, das Gesicht nach dem Guß mit *Leipfarben* bemalen zu wollen, so daß *es S. Chf. Gn. [Seiner kurfürstlichen Gnaden] seliger ganz gleich werden*[34]. Bei einer Bronze ist das schwer vorstellbar; es scheint, als habe der Künstler, während er schrieb, in den Bahnen der Bildschnitzer gedacht, die ihre Werke zumeist farbig faßten. Das klingt auch im anschließenden Satze an, wo er zum Barte, des Landesvaters allvertrautem Kennzeichen, dem er als Maler stets seine ganze Sorgfalt gewidmet hatte, stolz bemerkt, er sei *zu kraus geschnitten, man kanns nicht wohl anders im Holz zuwegen bringen,* als sei, neben der Farbe, das Holz sein Medium. Den Bronzeguß besorgte Peter Vischer der Jüngere. Der Gießer und Bronzebildner, der als Nürnberger in einem Zentrum der künstlerischen Entwicklung lebte, scheint mit dem Entwurf so souverän verfahren zu sein, daß ein Hauptwerk der deutschen Renaissance-Plastik zustande kam. Das gilt nicht nur angesichts der architektonischen und ornamentalen Routine, die das Epitaph aufweist, sondern auch für das imposante «Stand-Bild» des Kurfürsten selbst, wobei doch der Wittenberger immer seine Not mit dem überzeugenden, das heißt vor allem ponderierenden «Bau» ganzer, stehender Figuren hatte.

Dennoch hatte sich Cranach bereits lange zuvor an eine vergleichbare Aufgabe herangetraut, die überdies bis dahin von kaum einem Künstler, nördlich wie südlich der Alpen, in Angriff genommen worden war: dem ganzfigurigen Bildnis in Lebensgröße. Es sind der albertinische Wettiner Heinrich (genannt der Fromme) und seine Frau Katharina von Sachsen (F. R. 60/61) auf den Pendant-Bildern aus dem Jahre 1514, die unter Einsatz von viel Gold und Kostümdekor zu optischen Sensationen gediehen, aber doch weit davon entfernt blieben, gute Statur zu machen: weder der Herzog, der seine Beine – vergeblich – um einen Kontrapost bemüht, noch die Herzogin, die wie eine Tischglocke auf dem Saum ihres steifen Brokatkleides zu stehen scheint. Währenddessen führen die assistierenden Hunde ihr Rollenspiel über das Thema Herr und Herrin drastisch vor.

Nachdem in den zwanziger Jahren die Produktion von Altarbildern allmählich verebbte, wurde das Porträt zu einem Standbein des Cranachschen Malbetriebs. Neben den immer wieder dem fortschreitenden Lebensalter der Landesherren angepaßten Bildnissen sowie weiterer Fürstlichkeiten und, seit 1520, Martin Luthers, gab es eine Fülle zumeist

Peter Vischer d. J. (nach Entwurf Cranachs): Grabmal Herzog Friedrichs des Weisen von Sachsen. 1525–27. Bronzeguß

Herzog Heinrich der Fromme
von Sachsen. Um 1514. Dresden,
Staatliche Kunstsammlungen,
Gemäldegalerie

Herzogin Katharina von Sachsen.
Um 1514. Dresden, Staatliche
Kunstsammlungen, Gemäldegalerie

einmaliger Porträtanforderungen. So kommt es, daß sich die Gesamtzahl der Bildnisse der ca. 25 bis 30 Fürsten und Fürstinnen die Waage hält mit der Summe der Einzelporträts einer dreistelligen Anzahl bekannter und unbekannter Personen. Im Unterschied zum jüngeren Holbein, dem unübertroffenen Porträtisten der Epoche, dessen Qualität in der unbeirrbaren und gleichmäßig intensiven Konzentration auf jedweden Besteller begründet ist, hinterläßt Cranachs Bildnispraxis einen uneinheitlichen Eindruck. Die vielen Wiederholungen oder Veränderungen eines Bildes durch geringfügige Eingriffe ohne eine neue Sitzung, etwa durch bloße

Drehung des Blicks, werden der Überlastung des Künstlers oder den Gesellenhänden zugerechnet, während einzelne hoch überzeugende Bildnisse zur Rechtfertigung seiner originären Meisterschaft reklamiert werden.

Doch hat uns das Verfahren mit dem Bilde des Reformators gezeigt, in welchem Maße das Bildnis in seiner Form durch Außenansprüche bedingt, wenn nicht programmiert sein konnte, so daß vom freien Austausch zwischen malendem und gemaltem Individuum, angeblich Vorbedingung großer Bildniskunst, nur ausnahmsweise die Rede sein kann.

Das gern als frühe Würdigung von Cranachs Porträtistenleistung genommene Wort in Scheurls Widmungsbrief an den Künstler, es sei «das größte Lob», «Menschen zu malen, und sie so zu malen, daß sie von allen erkannt werden und zu leben scheinen», erweist sich im Kontext als die topische Laudatio auf den naturalistischen Täuschungseffekt. Beim Bild des Fürsten kam zu der bloß sinnlichen Sensation allerdings noch das herrschaftliche Kalkül der Präsenz *in effigie*, das Scheurl im weiteren genüßlich beschreibt: «Unseren vortrefflichen Fürsten Johannes hast Du aber so getreu gemalt, daß nicht einmal, sondern wiederholt die Einwohner von Lochau, wenn sie zum Schloß kamen und durch das Fenster den oberen Teil des Bildes erblickten, mit entblößtem Haupt – wie es Sitte ist – betroffen die Knie beugten.»[35]

Das Wiedererkennen des Landesherrn speiste sich aber wohl weniger aus der frischen Erinnerung der Landeskinder an einen stets Gegenwärtigen, sondern aus dem «Bild», das man kollektiv von dem meist Entfernten besaß. Um «von allen erkannt zu werden», wie Scheurl es forderte, bedurfte es der konsequenten Entwicklung einer Imago mit bestimmten und betonten Zügen, die bis zur Stereotypie wiederholt wurden. Man kennt eine derartige Bildnispraxis vom römischen Imperatorenbild; beim Fürstenbildnis der Neuzeit dürfen vergleichbare Strategien vermutet werden. Dafür spricht bereits die auffällige Favorisierung bestimmter Gesichtsansichten, beispielsweise bei Heinrich VIII. von England das *en face*, bei Kaiser Maximilian das Profil. Mit einem derartigen Klischee im Gedächtnis dürfte es Cranach nicht schwergefallen sein, in dem niederländischen Gasthaus die Bewunderung der Anwesenden zu erregen, als er den Kaiser (Maximilian) für alle erkennbar mit einem Stück Kohle an die Wand zeichnete, wie Scheurl in diesem Zusammenhang berichtet.

Friedrich der Weise erscheint bei Cranach von Anfang an im Dreiviertelprofil, nach rechts gewandt. Das hatte auch den Vorteil, daß sich sein Bildnis problemlos zu einem Doppel-, Pendant- oder Stifterbild auf Altarflügeln – wie alsbald mit dem seines Bruders geschehen – ergänzen ließ, ohne daß die heraldische Platzanordnung neu bedacht werden mußte; denn dem Kurfürsten gebührte stets die bevorzugte, die heraldisch rechte, im Bild linke Seite. Auch der figürliche Aufbau des Bildes wurde frühzeitig festgelegt, derart, daß die hoch über den Nacken hinausgeschobene Pelzschaube mit ihren stürzenden Schultern das charakteristische massige Dreieck bilden konnte, das jedem unvergeßlich bleibt. Das Gesicht des Fürsten nistet mit der Zeit immer beengter in einem Kranz aus Haupthaar, Barthaar und dem Haarpelz der Schaube. Dürers Gemälde von 1496 hatte den Kurfürsten gänzlich anders, als einen Renaissancefürsten und Mann der Tat, charakterisiert: ein Typus, der etwa von Raffael erfolgreich aufgegriffen wurde. In seinem Altersbild des Herrschers, dem Kupferstich von 1524, war Dürer jedoch auf das längst etablierte Cranachsche Muster eingeschwenkt, das Inbild von väterlicher Festigkeit und Weisheit, von Prinzipientreue und Toleranz.

Ein solches Bild konnte auch noch nach dem Tode des so Charakterisierten wertvoll sein. Der bisherige Mitregent und Nachfolger, Johann der Beständige, der deutlicher auf die Seite der Reformation schwenkte als der vorsichtige Friedrich, übernahm für sich dessen bildliche Charakteristika, um die Kontinuität der sächsischen Haltung zu betonen. Ein Holzschnittporträt des neuen Landesherrn von ca. 1525 (J. B. 407) gibt sich aufgrund des gemeinsamen Formates und Erscheinungsbildes als nahezu spiegelbildliches Pendant eines weiteren gleichzeitigen Holzschnittes mit dem Bilde des Verstorbenen, das nach Dürers Vorbild eine Epigrammtafel als Nachruf trägt. Die Angleichung ans Bild des Vorgängers nähert sich der Deckungsgleichheit. Als 1532 auch Johann starb, bestellte der nunmehrige Nachfolger und Sohn, Johann Friedrich, genannt der Großmütige, bei Cranach alsbald die Bildnisse seiner Vorgänger in ungewöhnlich großer Zahl: 1533 erfolgte eine Zahlung von 109 Gulden und 14 Groschen für die Lieferung von «LX [60] par teffelein daruff gemalt sein die bede churfursten selige und lobliche gedechtnus»[36]. Es handelt sich um die in vielen Sammlungen befindlichen kleinformatigen Porträts der fürstlichen Brüder, die erneut wie Spiegelbilder erscheinen, meistens 1532 oder 1533 datiert, die der Regent paarweise zu verschenken pflegte. Dem «seligen und loblichen gedechtnus» wird nachgeholfen durch die Rede der Verstorbenen, die, auf Papier geschrieben und unter die Porträts geklebt, in Ich-Form von den Segnungen ihres Regimentes berichten.

Den Zweck dieser Bilder und Cranachs eigenartige Porträtleistung offenbart ein weiteres derartiges Gemälde seiner Hand: Das stattliche Triptychon der Hamburger Kunsthalle (F. R. 338), auf dem die gleichen Porträts erscheinen, dasjenige Johanns jedoch spiegelverkehrt und somit erstmals dem seines älteren Bruders parallel und gleich gesetzt. Die Verstorbenen besetzen den linken und mittleren Flügel, den rechten nimmt der regierende Fürst und Auftraggeber des Bildes ein, der statt der Inschriften das sächsische Wappen unter sich hat und – als einziger barhäuptig – den Blick auf seine Gegenüber richtet. Das merkwürdige Bild ist überzeugend als öffentlicher Rechtfertigungsversuch des neuen Landesherrn gedeutet worden, dem die Bestätigung der Kurwürde aufgrund

Die drei Kurfürsten von Sachsen: Friedrich der Weise,
Johann der Beständige und Johann Friedrich der Großmütige.
Um 1535. Hamburg, Kunsthalle (F. R. 338)

der sächsischen Sympathien für die Reformation vorenthalten worden war.[37] Die eingeklebten schriftlichen Verlautbarungen der beiden Amtsvorgänger erinnern an die Vorteile, die das regierende Habsburger Haus durch sie gehabt hatte. Friedrich spricht, er habe Alters wegen auf die ihm angebotene Kaiserkrone verzichtet: «Dafur ich Kaiser Carl erwelt/ Von dem mich nicht wand gonst noch gelt.»[38] Ebenso pocht Johann auf sein gutes Verhältnis zum Kaiser. Auch der Erbe ist in die nun schon notorische ernestinische Bildnis-Larve geschlüpft, hält sich indes, nachdem beide Vorgänger in deckungsgleiches Profil gebracht sind, um eine Nuance selbständiger. Eine Image-Ästhetik von derart konsequenter Dauer und anhaltender Insistenz muß den Künstler freisprechen vom Tadel künstlerischer Immobilität.

Vergleichbar, wenn auch nicht gleich, liegt der Fall beim nächstbedeutenden Bildnis-Partner Cranachs, Kardinal Albrecht von Brandenburg. Der Hohenzollernsproß und Bruder des regierenden Kurfürsten Joachim I. von Brandenburg ist nicht nur als kunstsinniger Mäzen, sondern vor allem als reichlich leichtfertiger Karriere-Geistlicher, als solcher Stein des Anstoßes der reformatorischen Bewegung, in bleibender Erinnerung. Aufgrund des vorzeitigen Griffes des kirchenrechtlich noch Minderjährigen nach dem Kardinalshut, wegen der hohen Palliengelder für das höchste Kirchenamt im Deutschen Reich, den Mainzer Erzstuhl, und wegen maßloser Pfründenhäufung von Rom zu gewaltigen Ausgleichszahlungen herangezogen, hatte er zur Finanzierung seines Fugger-Kredits den anstößigen St.-Peters-Ablaß in seinen Ländern plaziert. Und diese Länder waren zahlreich und reichten tief in sächsisches Gebiet, denn Albrecht amtierte zugleich als Erzbischof von Magdeburg und Administrator von Halberstadt, von seinen weltlichen Herrschaften ganz abgesehen.

In dieser Rolle mußte der Hohenzoller nach 1517 in Gegensatz zum sächsischen Kurstaat geraten, wenn er sich auch anfangs von katholischem Eifer fernhielt und auf Ausgleich bedacht war. Sein Kupferstichbildnis von der Hand Cranachs, 1520 entstanden, gibt den Prälaten, in Ermangelung einer Porträt-Sitzung, nach Dürers Kupferstich, dem «Kleinen Kardinal» von 1519, wieder. Ob die dabei eigenartig schlaffen und trüben Züge des Kardinals reformatorischer Polemik entspringen, wie jüngst zur Diskussion gestellt, oder als schwache Kopistenleistung zu gelten haben, möge offenbleiben. Gleichwohl wurde diese Physiognomie aus zweiter Hand zum Prototyp einer stattlichen Reihe von Bildnissen, die Cranach, möglicherweise ohne dem Auftraggeber je begegnet zu sein, ab 1525 schuf.

Die Ereignisse des Jahres 1525, der Aufstand der Bauern und seine Niederwerfung, hatten die benachbarten Fürsten veranlaßt, die kirchenpolitischen Differenzen zurückzustellen und innen- bzw. bauernpolitisch gemeinsame Sache zu machen. Johann der Beständige hatte sich auf der Inschrift des erwähnten Cranachschen Serienbildes seines Engagements gebrüstet, «da der Bawr toll und töricht war. / Die auffrhur fast ynn allem land / Wie gros fewer yn wald entbrand. / Welches ich halff dempfen mit Gott / Der Deudsches land erret aus not.»[39] Der Mainzer seinerseits stiftete als Denkmal für den Sieg über die Aufständischen den noch bestehenden Marktbrunnen am Dom zu Mainz.

Diese Einmütigkeit der Landesherren erleichterte es dem Künstler sicherlich, auf die Wünsche des Kardinals, dem er in dieser Zeit die Altäre für die Stiftskirche in Halle lieferte, einzugehen. Der seit längerem erteilte Großauftrag für die komplette (mobile) malerische Raumausstattung war mit 156 (!) Tafeln bis dato ohne Vergleich in der deutschen Kunst. Kein Wunder, daß Cranach sich erneut rationeller Fertigungsmethoden bediente, sie vermutlich noch verfeinerte. Eine Reihe von erhaltenen Zeichnungen (R. 29–37) repräsentiert die (meist verlorenen) Altäre detailliert, geöffnet und geschlossen und mit Namensangaben der zur Assistenz zitierten Heiligen: offenbar zur Verwendung als vergrößerungsfähige Modelle in der Hand ausführender Maler (und Rahmenschnitzer), die man nicht kennt, aber mit Notnamen ausgestattet hat («Pseudo-Grünewald», «Meister der Gregorsmesse»). Die Mehrzahl der Altäre bildete mit dem Thema ihrer Mitteltafeln zusammen einen Passionszyklus von insgesamt 16 Stationen (teilweise auf Basis der Holzschnitt-Passion von 1509), die auf den Innenflügeln und Außentafeln von je sechs stehenden Heiligen umstanden waren. Man hat kürzlich überzeugend darauf hingewiesen, daß der geistliche Auftraggeber die hallische Heerschau von Bildern und Heiligen gegen die reformatorischen Vorgänge in Wittenberg aufgeboten habe (Tacke), in gleicher Weise, wie er seine eigene inzwischen installierte Reliquienschau (das «Hallesche Heiltum») sozusagen zum Entsatz der in Wittenberg diskreditierten Schau verfügte.

Dieser Zusammenhang mag geeignet sein, Cranachs moralische Haltung, ob man sie als religiöse Uninteressiertheit oder gar als Prinzipienlosigkeit deutet, mit Skepsis, vor allem aber seinen protestantischen Nimbus geschwärzt zu sehen. Vollends überraschend muß aber zur Kenntnis genommen werden, daß des Malers enge Beziehung zu Luther, der den prächtigen Bilder- und Heiligensaal des «Abgottes zu Halle» gar als «lupanar», als «Freudenhaus» titulierte, keinen Schaden zu nehmen schien. Ob Cranach seine ambivalente Praxis als Geschäftsmann, der er war, verständlich machen konnte oder ob er, etwa wie Benvenuto Cellini, es als Privileg des Künstlers ansah, Freund und Feind gleichermaßen zu bedienen, und dieses überzeugend in Anspruch nahm: in jedem Fall zeigt sich der Maler erneut als einer, der statt eigener lieber fremde Konfessionen zu Markte trug, dabei aber unbeirrbar die Zwecke seines Ateliers und, wie wir heute wissen, der Kunst überhaupt betrieb, die im Antagonismus des Religionsstreites in Deutschland damals ihre Lebenskraft einbüßte. Ohne solche Neutralität des Malers wäre die deutsche Kunstgeschichte im zweiten Viertel des 16. Jahrhunderts noch ärmer gewesen, als sie es ohnehin schon war!

Selbstverständlich malte Cranach auch den in sein Bildnis verliebten Prälaten: als einfaches Porträt, als Andachtsporträt unter dem Kreuz Christi, als den hl. Hieronymus, wobei jedesmal das vorhandene und für gut befundene Mustergesicht ohne Veränderung der Kopf- und Blickrichtung in den veränderten Kontext eingepaßt wurde. Es hat sogar den Anschein, als habe Albrecht seinerseits bei den nach Wittenberg gehenden Bestellungen dem dortigen Geist seine Reverenz erwiesen. Denn des Kirchenfürsten imposante, aus seiner späteren Residenz in Aschaffenburg stammende Münchner «Andacht unter dem Gekreuzigten» (F. R. 183), wie kürzlich erkannt, einst rechter Seitenflügel eines Hallischen Wandelaltars, kommt isoliert betrachtet Luthers Gnaden- und Erlösungslehre auffällig nahe; es ist zugleich eines der mächtigsten Bilder des Meisters, gebaut aus herben – farblichen und figürlichen – Kontrasten: dem brennenden Kardinalsrot vor dem grünen Hügel und der schwarzen Gewitterfront, dem schwergewichtigen Prälaten gegenüber dem nackten Leidensmann. Die bildlich-theologische Voraussetzung dafür lieferte der Holzschnitt des vor dem Kreuze betenden Georg Spalatin von 1515 (J. B. 404). Zu dem protestantischen Bild der Erlösung, die aus nichts als aus göttlicher Gnade entspringe, fehlt nur der Blutstrahl aus der Seitenwunde des Heilands, den Cranach wenig später in die lutherische Kreuzigungsikonographie einführte. Doch geht die Andacht des Kirchenmannes nicht völlig zu Lasten seiner diesseitigen Interessen: Wer nahe genug ans Bild herantritt, erkennt auf dem Ring des Zeigefingers, winzig klein, aber erkennbar gemalt, ein Dutzend Wappen für das Dutzend weltlicher Herrschaften, die er besaß.

Mit seiner demonstrativen Vorliebe für die Maske des hl. Hieronymus, in die er wiederholt schlüpfte, sowohl – nach Dürers Meisterstich – «im Gehäuse» (F. R. 185, 186) wie auch als Eremit in freier Landschaft (F. R. 184), wobei er sich das Schreibpult freilich nicht nehmen ließ, hatte sich Albrecht, wenn schon nicht Luther, so doch den Humanisten empfohlen, die den philologischen Kirchenvater für sich reklamierten. Außerdem konnte er für die katholische «Vulgata», die Bibelübersetzung des Heiligen, gegen Luthers Eindeutschung Propaganda machen. An die Wand einer der «Gehäus»-Fassungen (F. R. 186) hängte man – der Maler?, der Besteller? – eine der typischen Cranach-Madonnen in Halbfigur.

Die bürgerliche Porträtklientel Cranachs suchte naturgemäß nach anderen Repräsentationsformen. Wiederholung und Image-Bildung, wie bei den Personen von öffentlichem Interesse, konnte ihre Sache nicht sein. Wer sich *einmal* im Leben malen ließ, legte Wert auf eine einmalige Leistung und eine einmalige Erscheinung. Cranach hatte sich unter dieser Prämisse als Porträtmaler bereits in Wien profiliert. Im folgenden vermied er zwar dergleichen Huldigung an extreme Formen der Persönlichkeitsinszenierung, gestand aber seinen Bildnisnehmern das Recht auf unverwechselbare Erscheinung zu – in körperlicher, seelischer und modischer Hinsicht. Darin liegt er mit seinen Zeitgenossen auf einer Linie.

Das Bildnis-Interesse des Bürgertums dieser Epoche lief gemäß einer ausgeprägten Leistungsmentalität auf eine Prägung von Charakterköpfen hinaus. Die je einzelne Persönlichkeit triumphiert über ihre Zusammenhänge in Familie, Gesellschaft, Politik und Religion, ohne sie jedoch in Frage zu stellen. Man repräsentierte meistens nichts weiter als sich selbst, die Person; transpersonale Identitätsausweise – Wappen, Heraldik, Inschriften – waren entbehrlich. Pelzkragen und Überrock reichten aus als soziales Kennzeichen. Aber auch darauf konnte man verzichten: Dürers späte Meisterporträts, etwa diejenigen Jakob Muffels oder Hieronymus Holzschuhers, haben – als Gesichtsbildnisse – kaum anderes als die physiognomische Singularität zum Thema. In einer Reihe von Bild-

Hans Luther.
Um 1527.
Deckfarben-
Zeichnung.
Wien,
Graphische
Sammlung
Albertina
(R. 76)

niszeichnungen, die zu den besten ihrer Art und Epoche zählen, pflichtete Cranach diesem Prinzip nachdrücklich bei, so in der Kopfzeichnung von Luthers Vater (R. 76) sowie eines älteren bartlosen Mannes (R. 73) im Berliner Kupferstichkabinett. Es ist kein Zufall, daß dergleichen Köpfe auf die deutschen Banknoten der Nachkriegszeit gerieten, gemeint als physiognomisch-charakterliche Vertrauenswerbung: gleichermaßen für die Deutsche Mark wie für die junge Bundesrepublik. Auch ein Cranach befindet sich in dieser Kollektion: das großzügige Halbfigurenporträt des Johann Schöner (oder Johann Scheyring) von 1529, «der intensivste Eindruck» seines Brüsseler Museumsbesuchs, wie Max Beckmann berichtete:[40] ein ernstes Altmännergesicht «mit schräg stehenden Augen, Bart und Pelz gegen eine leere Wand», das den größten deutschen Notenwert dekoriert (F. R. 331).

Cranachs bürgerliche Bildnis-Kunden rekrutierten sich hauptsächlich aus ortsansässigen Akademikern, städtischen Honoratioren und der höheren Beamtenschaft des Kurstaates und der Nachbarländer. Man kann das erschließen aus den namentlich identifizierbaren Porträts. Der größere Teil allerdings bleibt wohl für alle Zeiten anonym, weil Wappen und persönliche Heraldik dem besagten Bedürfnis nach «autonomer» Präsentation offensichtlich zuwiderliefen. Das sollte sich bei der nächsten Generation, die sich um die krisengeschüttelte Jahrhundertmitte zunehmend status- und wappenselig zeigte, gründlich ändern.

Nahezu regelmäßig erscheinen nun die Porträtierten vor neutralem, zumeist dunklem Grund; auch hierin liegt der Künstler – nach dem Abflauen der Natur-Euphorie im ersten Jahrzehnt des Säkulums – im Trend der Zeit. Der Verlust an Offenheit und Frische kommt der konzentrierenden Modellierung der physiognomischen Werte zugute. Die Hände sind meistens stillgestellt und neigen, wie aus Mangel an Aufgaben, zu Verlegenheitshaltungen.

Bildnisse von Frauen, die den genannten Kriterien entsprechen, bleiben die Ausnahme; lediglich die wenig zahlreichen Ehe-Hälften, also Bildnisse, die mit dem dazugehörigen Partner zu harmonieren hatten, wären hier zu nennen; etwa Katharina von Bora an der Seite Luthers oder die Frau auf dem Doppelbildnis von 1534 in Kopenhagen (F. R. 346/347). Die fürstlichen Gattinnen folgten ihren fürstlichen Gatten in deren Bildniskonventionen. Besondere Zuwendung aber erfuhren die Kinder der Regierenden. Wie kein anderer Zeitgenosse wußte Cranach den Zwiespalt zwischen gebotener Etikette und tolerierter Kindlichkeit ins Bild zu setzen und so die reizvollsten Schöpfungen ihrer Art und Zeit zu verwirklichen: das Bildnispärchen vermutlich sächsischer Prinzen in Washington (F. R. 123/124) von etwa 1516/17 ist hier ebenso zu nennen

Banknote mit Bildnis des Astronomen und Geographen
Dr. Johann Schöner (?). 1529

Bildnisse eines sächsischen Prinzen und einer sächsischen Prinzessin (?). Um 1516/18. Washington, National Gallery of Art (F. R. 123/124)

wie das Mädchen im Louvre (F. R. 153) mit dem reifen, wissenden Gesicht oder die fünf- und sechsjährigen Albertiner-Prinzen Severin und Moritz (F. R. 306/307). Letzterer sollte dann zwei Jahrzehnte später dem ernestinischen Hause und der reformatorischen Sache verhängnisvoll in den Rücken fallen, was auch dem Leben des alten Malers noch eine dramatische Wendung gab.

Neben den künstlerischen Leistungen, mit denen die konventionellen Bildnisanforderungen erfüllt wurden, verstand es Cranach, seiner charmanten Art bei der Darstellung heiliger Jungfrauen den Weg ins Porträtfach zu bahnen. Man wird es als ebenso reizend wie pikant empfunden haben, die Tochter, Braut oder Geliebte, vielleicht auch gar die Gattin als eine der Barbaras, Dorotheas, Katharinen, Magdalenen auf des Meisters Altären und Andachtstafeln wiederzuerkennen. Kostüm und Geschmeide brauchten gar nicht erst gewechselt zu werden, denn beides war in modischer Aktualität bereits jenen schönen Märtyrerinnen auf den Leib gepaßt worden: Handschuhe mit geschlitzten Gelenken, raffiniert gepuffte Ärmel an Schulter und Armbeuge, perlengestickte Mieder, goldgewirkte Haarnetze oder fesche Federhüte; dazu kostbare Colliers und schwere Goldketten (meist sogenannte Hobelspanketten). Im frühen Dresdner Katharinenaltar (F. R. 12–15) war das nötige leibliche und dekorative Repertoire, auf die zehn assistierenden Schönheiten verteilt, bereits voll entwickelt. Es ist denkbar, daß dergleichen Kostüme und Pretiosen im Atelier für die verschiedenen Bildzwecke zur Verfügung standen, eine Praxis, die wir dann vor allem von Rembrandt kennen.

Um 1525 und nochmals um 1530 entstand je eine größere Anzahl halb-, dreiviertel- und ganzfiguriger Damenbilder, die alle einschlägigen Porträtkriterien vermissen lassen, aber auch sichtlich nicht ins religiöse oder Genrefach zu rechnen sind (z. B. F. R. 171–175, 178, 294–303). Auch eine «Jungfrau» mit Kind ist dabei (F. R. 170), aber nicht die biblische, welche Cranach nie modern einzukleiden wagte. In ihren körperlichen Merkmalen ähneln sich die Damen gleich Schwestern, so daß nur ein selbstgewählter Kanon, nicht aber die Natur als Lehrmeisterin in Frage kommt. Wie die

Die heilige Magdalena. 1525. Köln, Wallraf-Richartz-Museum (F. R. 168)

Kostüme und die Pretiosen sind auch die Gesichtchen, allerdings mit reizvollen Nuancen, so weit egalisiert, daß sie als Variationen ein und desselben Grundthemas empfunden werden können. Und anders, als es der Maler bei den förmlichen Porträts gewöhnlich hielt, gab er hier den Blicken der Dargestellten die Freiheit, den Kontakt zum Betrachter zu suchen. En passant entstanden dabei auch ganzfigurige (Damen-)Bildnisse im Kabinettformat (z. B. F. R. 178), wie sie erst reichlich hundert Jahre später durch die kultivierte Hand Gerard Terborchs populär wurden; eine hl. Magdalena in Köln mischt sich dazwischen (F. R. 168), unter den übrigen Schönheiten allein anhand ihres Schminkgefäßes als die Heilige identifizierbar. Es bleibt eine zulässige Spekulation, wenn man in dem Bild der legendären biblischen Sünderin die Bäckerstocher Magdalena Redinger, Geliebte Kardinal Albrechts von Brandenburg, hat erkennen wollen.[41]

Alle diese Merkmale sollten dafür sorgen, daß ihre Trägerinnen anonym blieben; es reichte, wenn der Besteller seine Favoritin als sein eigen erkennen und schätzen konnte. In wenigen Fällen zeigt sich, daß die Schönheitsformeln ihre Anonymität verlassen konnten, wenn es sich um heiratsfähige Mädchen handelte. Das überaus gefällige Bild der drei sächsischen Prinzessinnen – Sibylle, Emilie, Sidonie – von ca. 1535 in Wien (F. R. 301) verlockt indes zur Frage, wem sich die Ähnlichkeit der Schwestern mehr verdanke, der Blutsverwandtschaft oder doch dem Wunsch, an der neuen und erfolgreichen Schönheitsformel teilzuhaben. Aufschlußreich ist auch der Blick auf eine andere Sibylle, Prinzessin von Cleve, die 1526 als Braut an der Seite Johann Friedrichs, des sächsischen Kurprinzen, im großen und ganzen dem modischen Appeal huldigt (F. R. 304/305), ihrem neuen Status aber den gesenkten Blick, das bloße, brautbekränzte Haar und die – nicht nur mit Goldschmuck – besorgte Bedeckung des Dekolletés zu schulden scheint.

Es kann nicht überraschen, daß sich die eigentümlich unpersönliche Art dieser Damenbildnisse auch bei anderen Themen bewährte, etwa bei den zahlreichen «Judiths» und den etwas weniger zahlreichen «Salomes», die die Werkstatt vor allem in den dreißiger Jahren verließen: Daher liegt es nahe, daß man in den halbfigurigen Präsentationen die Bildnisse von Hofdamen sehen wollte. Die jüdische Judith, eine Gestalt aus dem einschlägigen Kanon heroischer Frauen, eignete sich durchaus für Projektionen der Weiblichkeit. Ihre Liebe hatte sie dem Bedroher ihres Volkes, dem Assyrer Holofernes, nur vorgespielt, um den Berauschten und Ermatteten alsdann zu enthaupten. Der Maler und seine Besteller bevorzugten nicht die szenische Darstellung, sondern die zum Monument isolierte Erscheinung der schönen Heldin mit dem aufgereckten Schwert und dem abgeschlagenen Haupte ihres vormaligen Liebhabers: Monumente einer unheimlichen Allianz zwischen Täter und Opfer (F. R. 234). Man hat, ausgehend von den ausnahmsweise als Ereignisbilder des Themas verfaßten Gothaer Tafeln (F. R. 214/215) von 1531, in den sich

Judith mit dem Haupt des Holofernes. 1530.
Berlin, Verwaltung der Staatlichen Schlösser und Gärten, Schloß Charlottenburg

derzeit häufenden Judith-Bildern eine politische Manifestation anläßlich des Schmalkaldischen Bündnisses von 1530 erkennen wollen. Eine Judith als Retterin der protestantischen Sache, die so den regierenden Kaiser, Karl V., zu einem Holofernes verdammt hätte, ist indes weder mit der sächsischen Haltung zum Reich noch mit den figurierenden Damen

Lucretia. Um 1530.
München,
Alte Pinakothek
(F. R. 240)

vereinbar, deren süß-sinnlich verschlagener Blick, deren kapriziöses Outfit für derart heroischen Appell, wie man ihn in Florenz der Judith des Donatello abnehmen durfte, reichlich ungeeignet erscheint.

Mit seinen noch zahlreicheren Lucretias, man zählt an die vierzig Stück, entfernte sich der Künstler rasch aus der Sphäre des Damenbildnisses und näherte sich dem veritablen Akt. Tatsächlich hatte der Selbstmord der edlen Römerin aus Scham ob ihrer Vergewaltigung durch den Sohn des Königs stets als hervorragende Tugendtat gegolten, welcher in Frauenporträts oft demonstrative Aufmerksamkeit zuteil wurde. Wieder vermeidet Cranach die Schilderung der Historie, die nach Livius zu nichts Geringerem als zum Sturz der Monarchie und zum Sieg der römischen Republik Anlaß gegeben hatte – ein Gegenstand, der so recht erst im Vorfeld der europäischen Revolutionen populär werden konnte, aber gelegentlich auch bei Cranachs Zeitgenossen, etwa Hans Burgkmair, vorkommt. Jenseits des sozusagen weltgeschichtlichen Zusammenhangs wird Lucretias Tat durch Cranachs Hand zum rührenden Abschied aus dieser Welt, die die Schöne schuldlos schuldig werden ließ. Der Meister kannte mehrere Varianten, die nacheinander (in der Reihenfolge der Aufzählung) Karriere machten: halbfigurig-halbnackt (z. B. F. R. 42, 55), dreiviertelfigurig-halbnackt (z. B. F. R. 122, 166), dreiviertelfigurig-nackt (z. B. F. R. 121, 235), ganzfigurig-nackt. Letzte Gruppe dominierte am Ende, man lieferte sie in allen Maßen zwischen Kabinettformat (F. R. 239) und Lebensgröße (F. R. 240). Der spitze Dolch der Rechtshänderin piekst mal von oben, mal von unten in die weiße Brust: Doch nie fließt Blut, und Furcht vor einem schlimmen Ende, wie sie Dürers pathetischheroische Lucretia in München erweckt, will sich nicht einstellen. Das war wohl auch nicht gewollt; denn nicht nur Art und Anzahl, sondern ausnahmsweise ein Dokument lassen kaum einen Zweifel an dem Zweck der Bilder aufkommen: als gewählte Geschenke, eher an Herren als an Damen, wie jene Lucretia, die ein Graf von Solms 1543 aus kurfürstlichsächsischer Hand empfing.[42]

In der gleichen Weise, wie Cranach mit Lucretia umging, deren «Historia» er entwertete, verfuhr er auch mit der Darstellung Adams und Evas. Der Ernst und die Würde der Genesis, die den Menschheitseltern – und nur ihnen – die Nacktheit im Bilde erlaubten und die gleichermaßen aus den Bamberger Statuen des 13. Jahrhunderts wie aus den Tafeln des Genter Altars Jan van Eycks aus dem 15. Jahrhundert sprechen, wichen dem eher freundlichen Tête-à-Tête eines netten Pärchens. Dürer hatte mit seinen lebensgroßen Bildern des ersten Menschenpaares von 1507 in Madrid, die mehrfach in seiner Werkstatt kopiert wurden, den säkularisierenden Anstoß gegeben: Es handelt sich dabei um selbständige Akte, die von ihrem mutmaßlichen Erstbesitzer, einem schlesischen Bischof, nur ausgewählten Besuchern, Kennern und Künstlern, zugängig gemacht wurden – ohne jede dogmatische Plazierung im heilsgeschichtlichen

Zusammenhang, etwa auf den Flügeln eines thematisch entsprechenden Altars. Der mit größerer Strenge, Idealität und Statuarik ausgestattete Kupferstich Adams und Evas von 1504 war Cranach, wie der gesamten abendländischen Kunstwelt, natürlich bekannt. Doch bezeichnenderweise hielt er sich bei seinem ersten Bild dieses Themas, das um 1510/12 entstand (F. R. 43), an die *gemalte* Version Dürers, dessen spindelförmige Eva mit den gekreuzten Füßen seinem antiklassischen Hang für balancierendes Tänzeln entgegenkam.

Ihr labiles Standvermögen tut Evas in der Beziehung führender Rolle jedoch keinen Abbruch. Es nötigt sie, sich zu regen und zu recken, was Adam sehr zu gefallen scheint, denn meist kann er die Augen nicht von ihr lassen; der entscheidende Apfel, ob er ihn denn schon in Händen hat oder noch erwartet, findet zu Evas Gunsten seine – sündige – Aufmerksamkeit nicht. Die mehr als dreißig erhaltenen Versionen spielen diese erste Beziehungsgeschichte des Menschengeschlechts in allen Dimensionen, zwischen Kleinformat und Lebensgröße, auf einer oder zwei Tafeln, mit geringfügigen Abweichungen durch. Deren weitestreichende führt das Pärchen so eng aneinander, daß Adam seinen linken Arm um Evas Schulter legen kann, die es berechnend duldet (z. B. F. R. 199).

Nicht viel anders als zwischen Adam und Eva geht es auf Bildern mit anderen Paarungen zu. Die Psychologie der Pärchen changiert aber gegebenenfalls in den Anmutungen, die den Betrachter erreichen, wenn dieser zum Beispiel Apoll und Diana als Geschwister, ja als Zwillinge erkennt. Phöbus' schmachtender Blick auf seine hübsche Schwester, die einen kapitalen Hirsch (einen Sechzehnender!) als Sessel benutzt – auf dem Berliner Bild von 1530 (F. R. 271) –, setzt dem Sündenfall Adams eine zusätzliche Pointe auf. Auf einer Zeichnung desselben Prospektes (R. 48) figuriert tatsächlich das erste Paar und gibt dem Spiel der Deutungen Rückhalt.

Parallel zu Eva, die sich meist mehr um die Gunst des Betrachters als ihres biblischen Partners zu bemühen scheint, den sie oft etwas nachlässig bedient, entwickeln und häufen sich die Venusse des Meisters. Das öfters anwesende Söhnchen Amor ist noch viel weniger als Adam ein ernst zu nehmender Partner für bildliche Interaktionen, so daß sich die – stets ledige – Mutter exklusiv ihrem Vis-à-vis zuwenden kann. Dabei hat sich der Kleine auf den meisten Bildern, dem griechischen Idylliker Theokrit gemäß, unvorsichtigerweise als Honigdieb betätigt und ist, von Bienenstichen bestraft, auf den Trost seiner Mutter angewiesen. Doch diese interpretiert das kleine Malheur (auf den stets beigefügten lateinischen Zeilen) und gibt als Moral an den Betrachter weiter, daß die Wunden, die Amors Pfeile verursachen, empfindlicher wirken als Bienenstiche.

Mit der erstaunlichen Venus-Schöpfung aus der frühen Wittenberger Zeit hat sich Cranach – beinahe heroisch – an die Spitze einer drängenden Bewegung gestellt. Während aber Hans Baldung Grien, sein ent-

Adam und Eva. 1533. Berlin, Staatliche Museen Preußischer Kulturbesitz, Gemäldegalerie Berlin-Dahlem (F. R. 193)

schiedenster Nachfolger und Gegenpol in der Frühgeschichte des profanen Aktes in Deutschland, die magisch-traumatische Erbschaft des Bildes aus Antike und Mittelalter annimmt, hat Cranach seine Anfangsskrupel rasch abgelegt. Seine nächste, etwa ein Dezennium jüngere Venus (F. R. 115) hat die – physische und psychische – Balance bereits gefunden, die eine unbefangene Begegnung mit ihr erlaubt: mehr Mädchen als Frau, von überschlankem statt von dem reifen Wuchs der frühen Fassung. Es folgen Dutzende von Venusbildern aller Formate, zwischen handgroßen Täfelchen und Tafeln in voller Lebensgröße. Stets kontrastiert der rosige, im Laufe der Zeit heller und kühler temperierte, immer fein modellierte Leib mit dunklem Hintergrund, oft einer neutralen Folie, oder – in freier Landschaft – gelegentlich auch einem düsteren Baum. Des Malers in seinen Wiener Jahren – *vor* allen Zeitgenossen – bewiesene Fähigkeit, Figur und Landschaft glaubhaft und innig zu vereinen, ist nun beiseite gelegt; die Schönen balancieren nackten Fußes auf schmalem Bodenstreifen, der wie zur Vermehrung seiner Unwirtlichkeit mit blanken, schmerzhaften Kieseln bestreut ist.

In den Jahren ab 1530 sind die weiblichen Konfektionsgrößen der Cranachschen Werkstatt ein für allemal festgelegt; ob Venus oder Lucretia, Eva oder Juno, Diana und Minerva: Es sind stets die gleichen fischglatten Kind-Frauen, von schmaler, schlanker Statur, mit knappen Brüstchen und kleinem Po, langen Gliedern und dem großen, blanken Mädchenkopf auf den schmächtigen Schultern. Weder Natur- noch Antikenstudium haben diesen Kind-Frauen zur Seite gestanden, auch nicht Konstrukte der Schönheit, wie sie Dürer mit Zirkel und Richtscheit versuchte, sondern nichts mehr und nichts weniger als persönliche Neigungen, die sich im Wechselspiel mit der Nachfrage verfeinerten und verfestigten. Cranachs, des – auch international – erfolgreichsten Aktspezialisten der Epoche, unverwechselbare Eigenart, mit der er gegen eben diese Epoche steht, läßt sich wieder einmal mit Blick auf Dürer präzisieren: denn umgekehrt proportional zu diesem, der Hunderte von Akt-*Zeichnungen,* aber nur einziges solches *Gemälde* (die Münchner Lucretia) hinterlassen hat, kennen wir von jenem neben Hunderten von *gemalten* nur zwei, drei oder vier *gezeichnete* Akte (vor allem R. 45). Man sieht daran nicht nur, daß Cranach für seine Akte keinerlei eigenes Studium nötig zu haben meinte, sondern daß er sich für den Gegenstand, den nackten Menschen, offensichtlich weder in idealer noch anatomischer Absicht interessierte. Erkennbar interessiert hat er sich anscheinend ausschließlich für die bildliche, das heißt verkäufliche Realisierung eines so konditionierten Sujets, das Nachfrage versprach und das sich darum, wie über einer Grundtonart, ebenso konstant wie abwechslungsreich variieren lassen mußte.

Über die Ursachen für den Erfolg der Cranachschen Akte, die ihren Weg bis in italienische Sammlungen der Renaissance fanden, kann man

Apollo und Diana. 1530. Berlin, Staatliche Museen
Preußischer Kulturbesitz, Gemäldegalerie Berlin-Dahlem (F. R. 271)

Adam und Eva im Paradies. Um 1530. Federzeichnung. Ehem. Haarlem (R. 48)

nur mutmaßen: Ob sein Frauentyp, der an Nabokovs Lolita erinnert, auch damals als pikant empfunden, aber im Gegensatz zu späteren Zeiten weniger bedenklich, weil unwirklich, schien – dieser Frage ließe sich vielleicht mit einiger Aussicht nachgehen. Den un-wirklichen Eindruck steigerte der Künstler kräftig durch Beigabe reicher Accessoires aus der Wirklichkeit. Es sind die gleichen Halsgeschmeide, Goldketten und Federhüte, die seine Prinzessinnen und Hofdamen zur Vollständigkeit ihrer Erscheinung benötigen, die nun an seinen splitternackten Geschöpfen ihr bizarres Spiel mit den Empfindungen derselben Betrachter treiben. Der legendäre Gürtel der Venus, mit dem diese alle Welt verzauberte, ist nicht wie bei anderen Malern antiquarisch rekonstruiert, sondern modisch, zeitgenössisch interpretiert.

Die in der Cranach-Literatur immer wieder bemerkte, aber selten präzisierte stilistische Re-Gotisierung tritt in der Ausstattung der Bilder noch augenfälliger in Erscheinung. Es handelt sich dabei nicht eigentlich um gotische Elemente oder Zitate, sondern um den vornehmlich aus der gotischen Kunst bekannten Anachronismus von Thema und Ambiente. Besonders in seinen zahlreichen «Paris-Urteilen» hat Cranach diesem Prinzip wie kein anderer Zeitgenosse gehuldigt. Die Geschichte von der Schönheitskonkurrenz der Olympierinnen Juno, Minerva, Venus am Berge Ida und der Richterspruch des trojanischen Prinzen, der die Alte Welt in Unheil stürzen sollte, beansprucht hier keinerlei klassisches Vokabular. Die drei Göttinnen, allesamt und unterschiedslos nackt, kennen wir bereits vom notorischen Bilde der *einen,* der späteren Siegerin Venus. Der phrygische Ort verwandelte sich in sächsisch-thüringisches Bergland mit stimmigen Burgen und Städten im Hintergrund; der schönheitskundige Trojaner erscheint in der Maske eines rastenden Ritters in zeitgenössischem Harnisch, und der Götterbote Merkur, der alles einfädelte, wirkt mit als alter, weiser Magier in phantastischem Habit.

Das alles ist nicht neu, doch überraschend erneuert. Zahlreiche frühere Beispiele in Buchmalerei und Holzschnitt, auf Plaketten, Kämmen, Schachteln, auf Gobelins und in Wandbildern nehmen den Cranachschen Bildprospekt in Teilen oder zur Gänze voraus. Es sind durchweg Visualisierungen im Einzugsbereich mittelalterlicher Troja-Romane und Romanzen, in denen die homerische Heroik zu ritterlicher Aventure umgedichtet und ins Milieu der herrschenden Gesellschaft gezogen wurde. So konnte es geschehen, daß etwa zwischen Paris und Lanzelot in der historischen Distanz kein Unterschied erkennbar blieb, Ursache des bemerkten Anachronismus, den man verwundert auch als «mittelalterlichen Kleiderrealismus» (Panofsky) zur Kenntnis genommen hat. Es versteht sich von selbst, daß der Schönheitsrichter kein Schwächling, erst recht kein Bösewicht sein konnte, sah sich doch die männliche Klientel gern in seiner Rolle und durften sich doch die Damen durch niemanden verständiger als durch ihn gewürdigt empfinden!

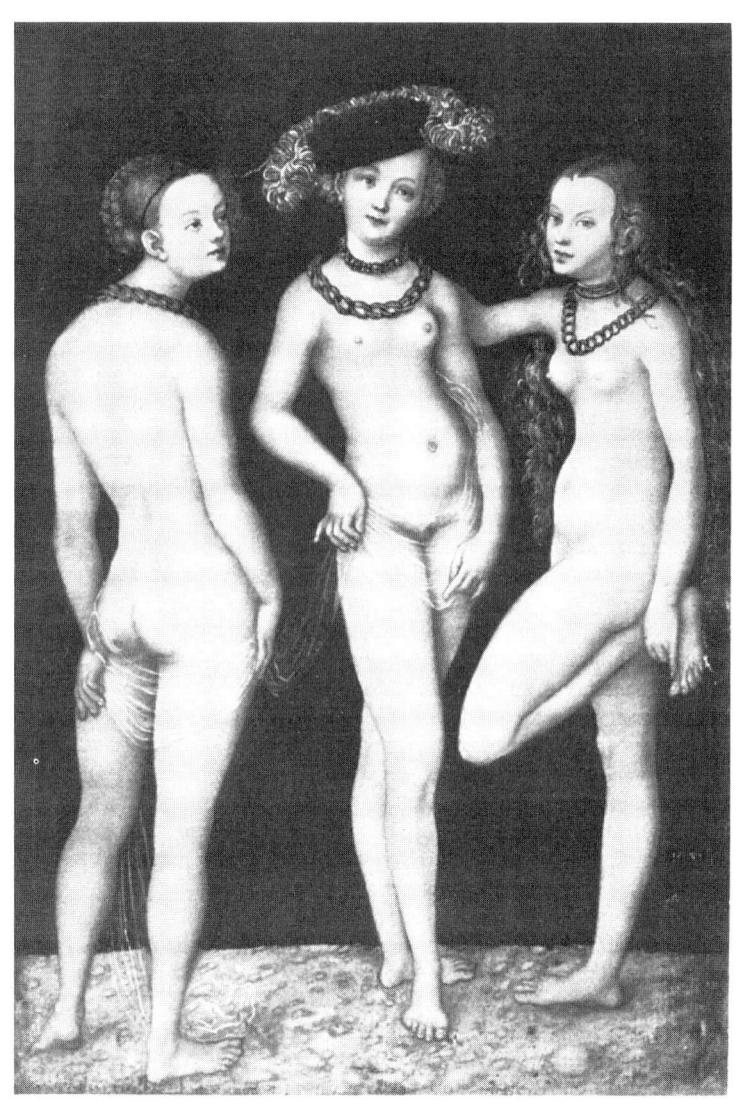

Die drei Grazien. 1531. Paris, Privatbesitz (F. R. 250)

Das Paris-Urteil. 1530. Karlsruhe, Kunsthalle (F. R. 255)

Diese, man möchte sagen: kulinarische Tradition der Schönheitskonkurrenz, die sichtlich in Cranachs Bilder mündet, versagt sich von selbst der neuerdings vorgeschlagenen Verknüpfung mit akademischen Maturitäts-Usancen, wie sie auch für Wittenberg verbürgt sind. In Reden und Theateraufführungen wurde den Absolventen der Schule gern die Mahnung auf den Lebensweg gegeben, nicht wie der leichtsinnige Trojaner die Schönheit oder gar Lust und Liebe zu wählen, sondern Minerva, der Göttin der Weisheit und Mannhaftigkeit, den Vorzug zu geben. Derart allegorische Deutung des Themas, für die man sich auf Autoritäten bis in die Spätantike zurück berufen konnte, mußte zwar den zeitgenössischen Humanisten aus der Seele sprechen; daß sie wiederum Cranachs Fall nicht war, ist evident. Die Entscheidung über Alternativen – wie sie sich für Herkules «am Scheideweg», auch ein Cranachsches Thema (z. B. F. R. 408), darstellt – setzt unterscheidbare Qualitäten voraus, zumindest der Art, die eigentlich zum ikonographischen Standard beim Paris-Urteil gehört: Minerva, die Jungfrau, erkennbar an Schild, Helm und Lanze, Juno, die Matrone, mit Zeichen des Reichtums und der Herrschaft, Venus endlich mit den Waffen der Schönheit und Liebe, völliger Nacktheit.

Cranachs Göttinnen entziehen sich jedoch der Identifizierung, die sie wählbar machen könnte, indem sie drillingsschwesterliche Ähnlichkeit annehmen, als seien sie mit vereintem Engagement um verdreifachte Attraktivität und Ausstrahlung bemüht. Aus Rivalinnen sind Komplizinnen geworden, die wie im Karlsruher Bild von 1530 (F. R. 255) freundlich einander zugewendet dem einschlägigen Sinnbild von Harmonie und Eintracht, den Drei Grazien (vgl. F. R. 250), zum Verwechseln ähnlich geworden sind. Paris, ein sächsischer Ritter unterschiedlichen Alters, liegt, lehnt oder sitzt den Himmlischen zu Füßen, weil er, von Hermes' Zauberstab berührt, den Auftritt, gemäß der mittelalterlichen Quelle[43], doch nur *träumen* sollte (was man sich nicht stehend vorstellen konnte). In seinem ehernen Panzer, der ihn hermetisch umschließt, ist er – mit immer wiederholtem Fleiße – als klirrend-kantiger Kontrast zur warmen, weichen Weiblichkeit herausgearbeitet. Auf diesen Effekt, der erst im Medium einer exquisiten Malerei zur richtigen Erscheinung kommt, schien man es abgesehen zu haben. Der vom Panzer zur Passivität Beschwerte ist kein Rivale des Betrachters und darum nur beschränkter Aufmerksamkeit der Bewerberinnen wert, von denen immer eine, meistens zwei, ein Auge auf und eine Pose für den möglichen Blick von der Stelle *vor* dem Bilde haben. Dabei sind sie, vielmehr war es der Künstler, rührend bemüht, der Außenperspektive keine Ansicht vorzuenthalten.

Inzwischen hatte das «Paris-Urteil» auch in Deutschland seine chevaleresken, anachronistischen Züge mehr oder weniger abgestreift, wofür frühere oder zeitgleiche Arbeiten von Peter Vischer dem Jüngeren, Hans Burgkmair, den Brüdern Beham u. a. stehen können, als Cranach diesen scheinbar überholten Modus im anspruchsvollen Rahmen des Tafelbildes erst eigentlich etablierte. *Ein* Detail verrät allerdings diese Rückständigkeit als kalkulierte Absicht: Der kleine Amor, der als Schütze aus den Wolken stößt, ist ausnahmslos auf das falsche Ziel programmiert. Anstatt dem Urteil zugunsten seiner Mutter nachzuhelfen und auf den Richter zu zielen, wie es fixe Regel ist, hat er sein Geschoß stets auf die Gegenseite, auf eine der drei den Spruch Begehrenden gerichtet – von Bild zu Bild das Ziel wechselnd. Wie kann der rätselhafte «Fehler» anders gedeutet werden, als daß die Anvisierte zur Favoritin (des Bestellers?) zu erklären sei? Von humanistisch-antiquarischem Geiste ist das alles weit entfernt.

Ein weiteres, nicht minder erfolgreiches Sujet im Werkstattprogramm, die «Ruhende Quellnymphe», läßt sich indes nicht, wie das «Paris-Urteil», aus autochthoner Tradition verstehen. Schon die auffällige Schriftzeile in anspruchsvoller Antiqua hebt auf einen klassischen, humanistisch vermittelten Zusammenhang ab. Die nackt auf grüner Wiese Ruhende spricht darin jeden, der zu lesen versteht, an: «Ich bin die Nymphe der heiligen Quelle, störe nicht meinen Schlaf, ich ruhe» («Fontis nympha sacri somnum ne rumpe quiesco»).

Zu dem Sortiment an aufrechten Akten, dem halbfigurigen, dem ganzen und dem verdreifachten, war hiermit seit etwa 1515 eine *liegende* Nackte gekommen, die heute noch in reichlich einem Dutzend gemalten Versionen und einer Zeichnung (R. 40) zu betrachten ist. Diese in Deutschland noch unbekannte Präsentation besaß in Italien eine lange Vorgeschichte, vor allem im verächtlichen Bild der Luxuria, die man sich in Hinblick auf ihr unzüchtiges Wesen gern *liegend* vorstellte. In der Hochzeitsikonographie des 15. Jahrhunderts bejahend gewendet, konnte der liegende Akt, vor allem unter dem Eindruck von Giorgiones sogenannter Venus in Dresden, zum großen Thema der Malerei in der Neuzeit werden. Die Frage, ob das magistrale Stück des Venezianers, wie man früher annahm, Cranach zum Vorbild diente, dienen *konnte,* kann ad acta gelegt werden, nachdem als mögliche gemeinsame «Quelle» Giorgiones und Cranachs (und vieler anderer) der Holzschnitt einer schlafenden Quellnymphe in Francesco Colonnas «Hypnerotomachia Poliphili», erschienen in Venedig 1499, namhaft gemacht wurde. Der mit dem Holzschnitt zusammenhängende, aber unbeachtet gebliebene Romantext beschreibt die Liegende «als liebliche Nymphe», «liegend auf der rechten Seite mit angewinkeltem Arm, die offene Hand an der lieblichen Wange, worauf das Haupt ruhte. Der andere Arm lag frei, liegend über ihrer linken Seite.»[44] Daß die Nymphe nicht, wie es die Rede suggeriert, lebendig sei, sondern «nur» eine steinerne Brunnenfigur, wird anschließend betont – und wieder zurückgenommen: Sie übertreffe die marmorne Venus des Praxiteles, obwohl diese von solcher Schönheit gewesen sei, daß die Menschen in gottlose Begierde verfielen und das Bild «masturbando» schändeten.

Quellnymphe aus
Francesco Colonnas
«Hypnerotomachia
Poliphili». 1499.
Holzschnitt

Diese vor allem durch Plinius bekannt gewordene Skandalgeschichte reiht sich ein in die lange Liste der durch unglaublichste Beispiele von Sinnestäuschung erbrachten Leistungsbeweise bildender Künstler, von denen in den ersten Wittenberger Jahren Cranachs, vor allem bei Scheurl, so viel die Rede war. Cranachs Nymphen warnen mit dem pseudoantiken Satz vor solchem und jedwedem Angriff auf sich, mehr blinzelnd als schlafend, mal vor einer Kunst-, mal vor einer Naturquelle ruhend: eine kokette Reservatio mentalis gegenüber dem eingeforderten Lob für die sinnentäuschende Qualität der Malerei. Der Nachruf auf den Tod von Hans Cranach, 1537 von Johann Stigel, hält sich – nunmehr die Kunst des Sohnes rühmend – an eben diese Linie, wenn er über das Bild einer ruhenden Helena von dessen Hand (vermutlich jene Nymphe) dichtet: «Einer der öfter gesehen der Helena ruhendes Abbild, / Welches mit göttlicher Kunst wurde gemaltet von Dir, / Weilete liebend und zog aus dem Herzen die tiefsten der Seufzer; / Lieber, als das was er war, wollte er Paris doch sein.»[45] Sich gegen die Warnung des Bildes in eben dieses Bild – respektive Abbild – zu verlieben, ist die Pointe, die für den Kenner, der sich jener damals wohlbekannten Plinius-Stelle erinnerte, den Reiz des leicht Verruchten besaß!

Die den Nymphen beigegebenen Rebhühner – sie treten auch bei anderen Cranachschen Sujets auf – gestatten zusätzlich eine Lesart (neben anderen Lesarten) in diesem Sinne; verdanken die Rebhühner doch, nach Ovids «Metamorphosen», ihren Ursprung der Eifersucht des Dädalus, des legendären Vaters aller Künste, der einst einen überlegenen Schüler, aus Furcht, von diesem einmal übertroffen zu werden, vom Felsen stürzte. Doch bevor der Unschuldige am Boden zerschmetterte, wurde er von einer gnädigen Gottheit in ein Rebhuhn (perdix) verwandelt und überlebte so als ständige Mahnung daran, daß auch der größte Meister seinen Meister findet; hier: daß Cranachs Kunst die Kunst des großen Dädalus übertreffe.

Der Verführung respektive der Verführbarkeit *durch* Bilder treten allerlei Verführungen *im* Bilde an die Seite – Themen, die unter dem Signum von Weibermacht, Weiberlist und Männertorheit bekannt sind: «Simson und Delila», «Bathseba im Bade», «Lot und seine Töchter», «Herkules und Omphale», der «Mund der Wahrheit» und schließlich als eigenes Genre die zahlreichen «Ungleichen Paare» und Bordellstücke. Die Verführung kommt hier nicht nackt, sondern mit den Manieren der guten Gesellschaft, in Prunk und Raffinesse der Kleider und des Schmucks daher; wohl darum kann sie sich ungenierter benehmen. Wieder sind die Akteure der Szenen, ob sie denn dem Alten Testament, dem Mythos oder der Welt des Mittelalters entstammen, in die Gegenwart versetzt; das sorgt für Komik und Interesse.

Die listige Ehebrecherin geht ungeschoren aus ihrem Prozeß hervor («Mund der Wahrheit»), indem sie – wahrheitsgemäß – beschwört, daß niemand außer ihrem Gatten und diesem Narren, der sie gerade belästige (es ist der verkleidete Geliebte), sie je berührt habe. Der Trick, der mit Tristans Beistand bereits von Isolde zur Beugung des von König Marke angestrengten Gottesurteils benutzt wurde, ist hier mit der römischen Legende von der Bocca della verità, dem Maul der Wahrheit, verknüpft, das als eine Art Lügendetektor in solchem Falle eigentlich zuschnappen sollte (F. R. 278, 279), hier aber, listig ausgesteuert, zur Genugtuung des frivolen Betrachters versagt.

Besonderes Vergnügen muß der Anblick des «im Felde» unbesiegten Helden Herkules inmitten der Dienerinnen von Königin Omphale bereitet haben, etwa ein Dutzend Varianten (z. B. F. R. 272–275) zeugen noch heute davon: «Die lydischen Mädchen teilen den Händen des Herkules die Spinnarbeit zu, und der Göttliche erträgt die Herrschaft seiner Herrin. So ergreift verderbliche Wollust außerordentliche Geister, und selbst die tüchtigsten Charaktere werden von weichlicher Liebe entkräftet», vermeldet auf Latein der stets beigegebene Vierzeiler («Herculeis manibus dant Lydae pensa puellae / Imperium dominae fert deus ille suae / Sic eciam ingentes animos insana voluptas / Et domito mollis pectore frangit amor»). Der gemäß den Herkules-Sagen als schändliche Buße für eine Verfehlung von den Göttern verfügte Rollentausch sieht Omphale normalerweise mit Löwenfell und Keule, Herkules als ihr Liebessklave in Weibertracht am Spinnrocken: ein Paar unter verkehrten Vorzeichen. Cranach blieb es vorbehalten, sich die Szene als gemeinsame Lustbarkeit der Beteiligten auszumalen, um mehrere (bis zu drei) liebevolle Mädchen vermehrt: Der von soviel weiblicher Fürsorge umgarnte und gerade unter die Haube gebrachte Held weiß in der Fülle des Behagens kaum wohin mit seinen Händen und Blicken. An der Wand aufgehängtes Geflügel, Rebhühner, Enten, Fasanen, soll hier wohl neben dem weidmännischen Aspekt, der oft auf Cranachs Bildern mit Rücksicht auf seine ritterliche Klientel fachkundig und abwechslungsreich beachtet ist, als zusätzliche Deutungshilfe verstanden sein: der starke Held als Beute, als Trophäe Amors. Unter den Liebhabern dieses Motivs scheint sich auch Kardinal Albrecht von Brandenburg befunden zu haben, denn auf einer 1535 datierten Fassung in Kopenhagen erscheint sein komplettes Wappen (F. R. 274 B).

Lebensgeschichte 3
Die Söhne, die Werkstatt, der «Altersstil»

Eines dieser Bilder des Herkules im Dienst von Omphale, in der Sammlung Thyssen-Bornemisza, ist mit den Initialen HC und dem Datum 1537 bezeichnet (F. R. 275): Hans Cranach; zusammen mit einem Porträt von 1534 unter derselben Signatur (F. R. 342) und einem Zeichenbuch in Hannover ist dies das einzige sichere Zeugnis von der künstlerischen Arbeit des ältesten Sohnes. Jetzt, in den dreißiger Jahren, während sich das thematische Sortiment komplettiert und die Variantenproduktion sich durchgesetzt hat, stellt sich die Frage nach dem Anteil der Söhne. Beide, Hans und Lucas der Jüngere, hatten längst ausgelernt und dürften nach mehr Verantwortung gedrängt haben. Das zeigt sich in den beiden erhaltenen HC-Signaturen, die vermutlich eine – vielleicht aufbegehrende – Distanz zur Werkstattsignatur bekunden. Gleichwohl ist im Stil des Sohnes kein wesentlicher Unterschied gegenüber dem des Vaters zu erkennen, so daß in der eigenen Signatur kaum mehr als ein Pochen auf den Status, nicht aber aufs eigene künstlerische Profil gesehen werden darf.

Die Italienreise von Hans im Jahre 1537 – er war etwa im gleichen Lebensalter wie Dürer bei seiner ersten Venedig-Visite – scheint indes für einen ehrgeizigen Charakter zu sprechen, dem die Konventionen des heimischen Ateliers zu eng geworden waren. Es ist schwer vorstellbar, daß der Sohn auf Geheiß des Vaters in eine Art Postgraduierten-Studium geschickt wurde, mit der Maßgabe, den – doch florierenden – Betrieb anschließend künstlerisch zu reformieren! Der frühzeitige Tod des Sohnes am 9. Oktober desselben Jahres in Bologna, wohl nur zufällige Durchreisestation, hat alle Pläne auf jeden Fall zunichte gemacht. Das schon zitierte Stigelsche Trauergedicht in 182 lateinischen Distichen stellt dem Maler Hans Cranach, selbst wenn wir die gattungs- und anlaßbedingten Übertreibungen abziehen, ein glänzendes, für uns allerdings unbewiesenes Zeugnis aus. Aus Luthers «Tischreden» erfahren wir von einem Trostbesuch des Reformators bei dem trauernden Vater.[46]

Die in demselben Jahr vorgenommene Änderung des Cranachschen Wappentieres wurde oft mit dem Trauerfall in Verbindung gebracht: Denn von nun an trägt der Schlangenkörper anstatt der steilen Fledermausflügel, von denen der Wappenbrief des Jahres 1508 spricht, die «lie-

Hans Cranach: Herkules und Omphale. 1537.
Madrid, Thyssen-Bornemisza-Museum (F. R. 275)

genden» Flügel eines Vogels. Vereinzelt trat aber die neue Signatur bereits seit 1535 auf, dem Jahr, in dem Lucas der Jüngere erstmals als Mitglied der Werkstatt erwähnt ist. Es war wohl so, daß jetzt, nach dem Tod des ältesten Sohnes, eine Reorganisation des Malbetriebes anstand. In deren Folge wurde offenbar die – ein wenig abweichende – Signatur des einen Sohnes (oder beider?), die von Vogelflügeln besetzte Schlange, zur Signatur der gesamten Cranach-Produktion, ohne daß die beteiligten Meisterhände geschieden wurden. Das Atelier wurde zur Manufaktur.

Aufgrund der Freistellung von den zünftigen Normen hatte der Cranachsche Betrieb von Anfang an, das heißt ab etwa 1510, eine außergewöhnliche Größenordnung annehmen können. Über Art und Umfang sind wir jedoch auf Indizien, wie die erhaltene Bildproduktion selbst, und Archivalien, vor allem Abrechnungen erbrachter Leistungen, angewiesen. Diese Quellenlage bringt es mit sich, daß große Ausstattungsarbeiten, wie jene anläßlich der Torgauer Hochzeit von 1513, besser dokumentiert sind als der tagtägliche Betrieb. Damals waren nicht weniger als zehn Gesellen beteiligt. Die Ausmalung des neuen Flügels am Torgauer Schloß zwischen 1535 und 1540 erforderte die Beschäftigung von sechs Mitarbeitern. Auch für einige weitere Aufträge ist diese Anzahl registriert. Lehrlinge wurden in der Regel nicht berechnet und deshalb nur gelegentlich erwähnt. Es hat den Anschein, daß es sich dabei um Arbeitsgemeinschaften gehandelt habe, die sich nach Abschluß der Arbeiten auflösten, sich aber manchmal aus denselben Kräften oder anders gemischt erneut rekrutieren konnten. Etwa ein Dutzend dieser Mitarbeiter konnte insgesamt namhaft gemacht werden: Doch ausnahmslos sind diese Künstler im kunstgeschichtlichen Dunkel geblieben, weder ist ihnen ein erkennbarer Anteil am Gesamt-Œuvre zuzuerkennen, noch hat sich jemand von ihnen später als selbständiger Künstler emanzipieren können; ein auffälliger Gegensatz zu Dürers Werkstatt, aus der eine ganze Phalanx arrivierter Künstler hervorging.

Eine Reihe vor allem großformatiger Werke, die dem Stil des Wittenberger Stammhauses nahestehen, aber doch nicht als eigenhändig gelten können, hat man mit Notnamen ausgestattet: unter ihnen ein «Meister der Erasmustafeln» und ein «Meister der Gregorsmessen», so genannt nach Arbeiten für Albrecht von Brandenburg in Halle. Das soziale Gewicht der – zumeist bekannten – Aufträge und Auftraggeber dieser und weiterer anonymer Werke, etwa weitere große Tafeln für Halle und Naumburg, läßt es kaum glaubhaft erscheinen, daß lokale Meister selbständig tätig werden konnten. Vermutlich oblagen Konzeption und Aufsicht dem Hofmaler, der die Ausführung in eigener Regie delegierte.

Dieselbe Ursache, die den Söhnen die freie Hand verwehrte, scheint auch für das insgesamt anonyme Milieu der Cranach-Werkstatt im engsten wie im äußeren Kreis wirksam gewesen zu sein. Statt auf eine Authentizität der einzelnen Hände wurde offenkundig Wert gelegt auf eine Authentizität der Werkstatt, der sich auch der Meister unterwarf: Stil, Themen, Ikonographie und Kolorit waren in einem sonst unbekannten Maße standardisiert. Auch die größenteils einwandfreie, säuberliche Ausführung, die immer gelobt wurde, erlaubt keine evidente Händescheidung. Es besteht ein grundsätzlicher Unterschied etwa zum hochdifferenzierten Rembrandt-Œuvre, das seit über hundert Jahren mit wachsender Energie neu definiert und umverteilt wird, wobei der sogenannte Umkreis entschieden an «Persönlichkeit» gewinnt. Im Falle Cranachs wäre dieses nicht nur aussichtslos, sondern auch ohne Ziel-Interesse: Statt *eines* Cranach oder statt Vater und Sohn hätte man vier, fünf oder sechs kleine Cranachs, die alle das blieben, was sie waren – treue Erfüllungsgehilfen eines übergeordneten Konzeptes.

Über die Gründe dieser selbstverordneten Konventionen, die immerhin ins Konventionelle abgleiten konnten und manchmal auch abglitten, kann man nur Mutmaßungen anstellen. Im Gegensatz zur Situation in den süd- und westdeutschen Kunstzentren war Cranachs Stellung weit und breit völlig konkurrenzlos. Für ständige Neuerungen fehlte es an Anlaß, da Anregung und Wettbewerb als Innovations- und Entwicklungsgründe ausfielen. Ferner hatte Cranach in seinen späteren Jahren nur selten Gelegenheit zur Berührung mit hochrangigen Künstlern und lebendigen Kunststätten gehabt. Einmal war das 1524 in Nürnberg der

Drei Liebespaare. Nach 1537.
Dresden, Staatliche Kunstsammlungen, Gemäldegalerie (F. R. 292)

Fall, wo er als Reisebegleiter seines Kurfürsten beim dortigen Reichstag weilte und währenddessen von Dürer gezeichnet wurde.[47] Noch ein weiteres Mal hielt er sich, wenn die Dokumente richtig gedeutet werden, auf der Flucht vor der Pest im Jahre 1539 in Nürnberg auf, wo er vom Rat die Erlaubnis erhielt, auf ein halbes Jahr «seine Kunst zu treiben».[48] Endlich sah er noch in seinen letzten Lebensjahren die Kunststadt Augsburg, anläßlich des Besuches bei seinem dort inhaftierten Landesherrn; dort traf und porträtierte er immerhin den großen Tizian – zu spät, als daß er Anregungen davon mit nach Hause nehmen konnte. In der ebenso isolierten wie monopolistischen Lage, die ihm seine Wittenberger Stellung bot, mochte es – wirtschaftlich – geraten sein, die Kräfte zusammenzuhalten und keine hausgemachten Konkurrenzen zuzulassen, statt dessen sozusagen die Rolle eines Hoflieferanten zu spielen – eines Lieferanten von Produkten mit stets gleichbleibender Gütegarantie.

Es fällt indes auf, daß in dem nach der Stückzahl immensen Œuvre kaum gleiche Stücke mehrfach vorkommen; wohl wurden bestimmte Sujets ständig wiederholt, die Wiederholung einzelner Bilder wurde aber strikt vermieden, mit Ausnahme der Porträts mit Imago-Charakter. Die künstlerische Leistung verlagerte sich vom Erfinden aufs Variieren. Themen, die dazu viel Gelegenheit boten, wie das «Paris-Urteil», konnten zum Varieté aller denkbaren Posen und Gesten in immer wieder erneuerter Kombination werden. Die «Quellnymphe» gestattete dagegen weniger Verfügungsfreiheit, hier mußte sich das Ambiente – die Landschaft,

Diana und Aktäon. Um 1540. Hartford, Connecticut, Wadsworth Atheneum

der Brunnen, die Rebhühner – die fälligen Alterationen gefallen lassen. Solch einen bescheidenen, aber nicht unsympathischen, weil zum Vergleich anregenden Modus ihrer Originalität glaubten die Cranachs ihrer Klientel letztlich wohl doch schuldig zu sein. Mit anhaltendem Erfolg bis heute: Kein Museum scheut sich, seine «Quellnymphe» deshalb zurückzuhalten, weil die benachbarte Galerie die ihrige herausstellt. Jeder sieht sich berechtigt, seinem «Original» zu trauen. Cranachs vieldiskutierter Altersstil, seit den dreißiger Jahren, wird wohl am zutreffendsten als der Werkstatt-Stil, der Stil unter dem geänderten Signet, zu begreifen sein. Und der war überwiegend von Routine geprägt. Es ist aber nicht oder nur selten die langweilige und langweilende Routine, sondern eine wie im Schlaf beherrschte Kunstfertigkeit, die den Geist nicht fordert, sondern entläßt – in den Reichtum und die Anmut der Details, wie es das Variieren der Grundthemen verlangt und bestätigt. Manchmal ist es eine Winzigkeit, die Interesse und Spaß provoziert, wie etwa der abgespreizte große Zeh der New Yorker «Quellnymphe» (F. R. 403 b), nach dem eines der Rebhühner zu picken scheint; oder auf dem Bild «Diana und Aktäon» (F. R. 410) die badenden Jägerinnen – nackte Püppchen nach Art der badenden Krieger (!) auf Michelangelos Cascina-Karton, und der mit Wasser bespritzte und dadurch in einen Dreiviertelhirsch verwandelte Aktäon, noch mit den Beinkleidern des vormaligen adligen Jägers, der er war, an den unteren Extremitäten. Der berühmte Berliner «Jungbrunnen» (F. R. 407) von 1546 und die Bilder des «Goldenen» und «Silbernen Zeitalters» (F. R. 261/263) fordern geradezu auf, nach amüsanten Einzelheiten zu fahnden.

Es gibt Anlaß zur Annahme, daß sich der alternde Künstler die kleinen und kleinsten Formate vorbehalten hat; hier zeigen sich noch am ehesten kleine Freiheiten, in koloristischer, aber auch – bei Figuren – in mimisch-gestischer Hinsicht.

Vollständig gehen dem Cranachschen Spätwerk die gängigen Charakteristika eines Altersstiles ab, wie dieser etwa im Œuvre von Tizian, Rembrandt, Frans Hals, Goya oder Lovis Corinth bemerkt und bewundert wird: ein Altersstil, der zunehmende Regellosigkeit mit vertiefter Subjektivität verbindet (und versöhnt), der sich erklärt aus schwindender Rücksichtnahme auf irdische, das heißt auch soziale Zukunftserwartungen. Wo, wie bei den Cranachs, die Zukunft des Betriebes in der Hand des Sohnes und der Enkel zur festen Perspektive gehörte, blieb kein Raum und Anlaß für einen Alterseskapismus; bevor etwa eine zittrig gewordene Hand die gewohnte Handschrift verloren und das «Bild», das man sich machte, irritiert hätte, dürfte sie ebenso rechtzeitig wie freiwillig den Pinsel beiseite gelegt haben! So blieb den Klienten – und der Nachwelt – ein von persönlichen Zügen weitgehend freigehaltenes, gleichsam konfektioniertes Œuvre präsent; und nur nachträglichem detektivischem Spürsinn ist die sensationelle Erkenntnis vom «anderen», des in seiner Frühzeit so elementar unkonventionellen Cranach zu verdanken.

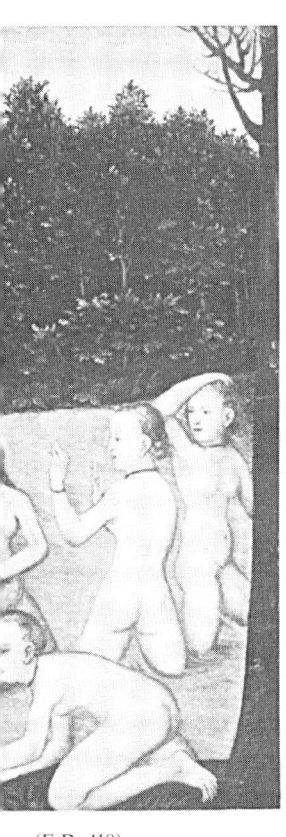

(F. R. 410)

Werkgeschichte 3
Reformatorische Themen

Während der Konsolidierung der lutherischen Reformation nahm die Cranach-Werkstatt anstelle der diskreditierten Altarbilder alter Art eine eigene religiöse Genremalerei in ihr Programm auf. Dazu zählt die aus Bild und Schrift wohlbekannte Episode aus dem Evangelium des Johannes (8, 3 ff.), in der Christus eine Ehebrecherin vor ihren heuchlerischen Anklägern und Richtern rettet. Im späten Mittelalter war zumeist die als Falle für Jesus gedachte Vorführung der Missetäterin zusammen mit dessen rätselhafter Beschriftung des Erdbodens vorgestellt worden. Dazu bückte sich Jesus, während die «Schriftgelehrten und Pharisäer» die Zeichen studierend zusammenrückten, um dann, wie ertappt, wieder hochzuschrecken. So hatte es auch Cranach in seiner frühen Zeichnung von 1509 (R. 18) und auf dem (nicht eigenhändigen) «katholischen» Bild für das Hallesche Stift gehalten (F. R. Sup. 14). Die Gemäldefassungen seit etwa 1520 konzentrieren sich dagegen auf das gesprochene Wort Christi, «wer unter euch ohne Sünde ist, der werfe den ersten Stein auf sie». Die Ankläger sind rechts und links am vorderen Bildrand auf Tuchfühlung zusammengedrängt, dabei die Worte des Herrn, der mittendrin als ein Lehrer zugleich den Betrachter anspricht (F. R. 129), sichtlich angestrengt verarbeitend. Der Gegenstand bot sich für die lutherisch inspirierte Bildwelt als eine Absage an die Selbstgerechtigkeit und als ein Beleg der alle Werkheiligkeit überwältigenden Gnade Gottes an; der Anblick der schönen Sünderin konnte die nötige Aufmerksamkeit dafür mobilisieren.

Nichts illustriert die entstehende protestantische Mentalität zutreffender als das Bild des Heilands als Kinderfreund – ein Thema, das zu den wenigen gehört, die Cranach selbst begründet zu haben scheint. Möglicherweise ging das Motiv auf religionspolitische Anforderungen während der Auseinandersetzungen mit den Wiedertäufern zurück. Denn im Gegensatz zu deren Erwachsenentaufe bestand Luther, der Glauben und Gnade nicht vom Stand der intellektuellen Reife abhängig machen wollte, auf der traditionellen Kindstaufe. Die Bilder, die sich mittels eingefügter Zitate auf Markus 10, 13 («Und sie brachten Kindlein zu ihm, daß er sie anrührte») oder Markus 10, 14 («Lasset die Kindlein zu mir kommen und wehret ihnen nicht; denn solcher ist das Reich Gottes») berie-

Christus und die Ehebrecherin. Um 1520. Kronach, Veste Rosenberg (F. R. 129)

Christus segnet die Kinder. 1529 (?). Naumburg, St.-Wenzels-Kirche (F. R. 217)

fen, konnten indes nur emotionale Bild-Propaganda leisten, denn die Tauffrage war von den betreffenden Bibelstellen überhaupt nicht berührt. Auf den meist dreiviertelfigurigen Bildern ist Jesus von einer Vielzahl junger Mütter umringt, die ihre Kleinen dem betont milden Meister zur Segnung entgegenstrecken, während die Jünger – Männer! – zweifelnd und mißtrauisch aus der linken Ecke zuschauen. Eine der Mütter wird dabei meistens zur Personifikation der altvertrauten Caritas, andere sind Wiederholungen der jungfräulichen Heiligen aus früheren Mariendarstellungen des Meisters; so verbinden sich neue Inhalte mit alten Bildtraditionen zu einer dauerhaften Ikonographie, die sogar die katholischen Länder und Künstler, etwa Rubens, erreichte.

Jüngst wurde auch die profane Thematik der «Melancholia», die in einer Handvoll Versionen vorliegt, in die reformatorische Richtung gedeutet (Koepplin). Wieder war Dürer mit seinem berühmten Meisterstich von 1514 das Vorbild; doch anstelle von dessen düster brütendem Engel plaziert Cranach sein typisches, modisch-munteres Mädchen, das so gar nicht zum thematisierten Temperament passen will. Höllische Heer- und Hexenscharen im Himmel sorgen für einen entfernten Rest von Unheimlichkeit, während nackte Putten allerlei diesseitigen Schabernack treiben (z. B. F. R. 276). Wenn man nicht annehmen möchte, daß Cranach das Thema gründlich mißverstanden hat, dann hat er es bewußt auf den Kopf gestellt. Luther hatte in der Tat des öfteren gegen den von den Humanisten gepflegten Kult des dunkel-genialischen, des saturnischen Charakters, den er für satanisch erklärte, gewettert, so daß die Wendung ins Heitere als Parodie, und zwar als ebenso antiastrologische wie liebenswürdige Erklärung an die Lebensfreude verstanden werden kann.

Die verbliebenen Bildbedürfnisse des Protestantismus konnte Cranach um so eleganter und eingängiger befriedigen, als und solange er frei blieb von hintersinnigen, zumal didaktisch-dogmatischen Ansprüchen. Seine Neigung folgte immer williger seinem Talent zu Bildern freundlicher Geselligkeit, ob sie nun unter Satyrfamilien, den Göttinnen vor dem Prinzen Paris oder den Kindesmüttern um den Heiland waltete. Als Charakteristikum derartiger Kompositionen läßt sich ein Neben- und Miteinander gleichartiger und gleichgestimmter Elemente erkennen, unabhängig von ihrer Anwesenheit als Mensch, als Tier oder als florales Geschöpf, wovon u. a. die Tafeln von «Adam und Eva im Garten Eden» zeugen können (F. R. 201, 202). In gleicher Weise ist auch die physische und charakterliche Gegensätzlichkeit von Mann und Frau, auf der Dürer so sehr insistierte, bis auf einen unvermeidlichen Rest egalisiert, nicht bei den Porträts, aber bei den Akten: Adam und Eva, Wilder Mann und Wilde Frau, die vergnügten Gespielen und Gespielinnen des «Goldenen», den gar nicht so verbissenen Streitern des «Silbernen Zeitalters» (z. B. F. R. 261, 263) etc. Auch die kompositionelle Syntax kommt ohne autoritäre Züge aus, wie sie etwa der Rieglsche Begriff der Subordination zu beschreiben unternimmt. Das ebenso klassische wie subordinierende Kompositionsschema des Dreiecks, mit dem die großen Renaissance-Meister zunehmend die ästhetische Geduld strapazierten, bis diese den Manieristen gründlich riß, sucht man bei Cranach, wenn er nicht respektable Altartafeln zu malen hatte, zumeist vergebens.

Sogar dort, wo die reformatorische Autorität nach entsprechenden Bildern verlangte, ließ sich die Mühe, vielleicht auch Unlust des Meisters mit seiner Aufgabe kaum verbergen. Ausgeklügelte Konzepte und Gedankenkunst waren Cranachs Sache ohnehin nicht, weshalb er, unbeschadet der persönlichen Beziehungen, kaum zum veritablen humanistischen Milieu zu zählen ist, sosehr dieses auch in der Cranach-Literatur immer betont wird. Die «humanistischen» Bilder, die Porträts der Wiener Zeit, gelangen ihm nur, weil er sich damals noch seiner künstlerischen Dynamik überließ und die gedanklich-emblematischen Ingredienzien so innig – durch und durch *malerisch* – mit der umgebenden, freiwachsenden Natur vermengte, daß ihr künstlicher Status dabei unterging. Dergleichen Methode, die der Meister ohnehin längst aufgegeben hatte, verbot sich bei den reformatorisch-propagandistischen Manifestationen von selbst.

Des Reformators zentrales Thema, die «Rechtfertigung des Sünders durch den Glauben», ist zur Zeit der Abfassung des Katechismus 1529 zuerst verbildlicht worden (z. B. F. R. 221). Damals trat Luther entschiedener als zuvor für eine erneuerte christliche Bildwelt ein, für deren Realisierung er einen befähigten Künstler benötigte. Der war nicht fern: Cranach hätte sich einem entsprechenden Ansinnen seines Freundes und Gevatters, selbst wenn er gewollt hätte, kaum entziehen können. Ob er aber dem reformatorischen Rufe gern gefolgt ist, muß zweifelhaft bleiben. An den künstlerischen Resultaten ist eine bemühte Beflissenheit, gleichermaßen wohl Kennzeichen besonderer Anstrengung wie eines gewissen Mißvergnügens, nicht zu übersehen. Heraus kam eine merklich angestrengte, schwarzweißmalende Didaktik, bei der, getrennt von einem halb dürren, halb belaubten Baum, links im Bild der Alte Bund mitsamt dem Gericht, rechts der Neue Bund als Instanz der Gnade verortet sind. Ikonographische Zitate aus dem gängigen katholischen Bilderschatz garnieren das reformatorische Pasticcio: links Deesis, Sündenfall, Aufrichtung der Ehernen Schlange, rechts Mariä Empfängnis, Verkündigung an die Hirten, Kruzifixus, Sprengung des Höllentors. Unvergeßlich allein die Figur des vor dem Spieß von Tod und Teufel zum Rennläufer gewordenen Adam, der – wie eine erfolgreiche Comic-Figur – von nun an in verwandten Zusammenhängen immer wiederkehrt. Der ersten Fassung des Themas aus dem Jahr 1529 folgen, gegen 1530, ein Holzschnitt und etliche weitere gemalte Wiederholungen, die neben den gewohnten formalen auch kleine ikonographische Variationen aufweisen. Allen gemeinsam sind die am Rande beigegebenen Bibelstellen (zumeist nach Paulus), auf Papier geschrieben und aufgeklebt, womit

Sündenfall und Erlösung. 1529. Gotha, Schloßmuseum (F. R. 221)

Luthers dem «Wort» gegebener Vorrang ebenso berücksichtigt wie korrigiert ist.

Bei allem Engagement für die Reformation ließ sich der Maler allerdings nicht von seinen eingeübten ikonographischen Pfaden abbringen, auch wo sie im katholischen Terrain verliefen. Es sind vor allem die Marienbilder, für die Cranach von Anfang an sein Bestes gegeben hatte und die nach wie vor seine wie des Publikums Gunst besaßen. Zwar hatte Luther das Bild Mariens mit dem Kinde – er scheint selbst eines von Cranachs Hand besessen zu haben – aufgrund der zutiefst menschlichen Qualität des Motivs akzeptieren können, aber der Kult Mariens, gleichsam als einer Vicaria Christi, stieß aus prinzipiellen Gründen auf protestantische Ablehnung. Die noch über längere Frist unausgegorene konfessionelle Lage wird die fortdauernde Existenz des Marienbildes im Einzugsgebiet des Cranachschen Kunstbetriebes begünstigt haben; allerdings hätte der Maler – an der Seite der Reformatoren – auch einen Schnitt machen können, wenn er denn religionspolitische Erwägungen über seine künstlerische Neigung, seine Leistungsfähigkeit und die Betriebsinteressen gestellt hätte. Daß er dieses unterließ, kann seiner künstlerischen Urteilskraft nur ein günstiges Zeugnis ausstellen. So muß es zwar überraschen, daß eine Cranachsche Madonna zu einem der populärsten Gnadenbilder des Katholizismus werden konnte; aber auch dieser Umstand zeugt keineswegs von einer verkehrten Welt. Das später sogenannte Mariahilfbild (F. R. 393) war als Geschenk des Kurfürsten Johann Georg von Sachsen an Erzherzog Leopold V. zunächst nach Passau, dann nach Innsbruck gelangt, wo es in der Pfarrkirche St. Jakob zum Ziel einer bis heute anhaltenden Wallfahrt wurde. In ungezählten Kopien ist das Bild präsent geblieben: in Kirchen und an Häuserwänden – bis in die letzten Täler des östlichen Alpenlandes; aber auch als Druck- und Andachtsbildchen war und ist das «Mariahilfbild» allgegenwärtig in der Region. Es heißt, man habe das Bild vor dem Zorn der Lutherischen aus einer Dresdner Kirche in die Kunstkammer Johann Georgs retten müssen; es wäre demnach durch seine Verpflanzung ins Katholische zu seiner späten Verwirklichung gelangt. Unbeschadet der Mirakel, die von ihr ausgingen, besitzt diese Madonna in der Tat das kunstgeschichtliche Zeug zu einem veritablen Gnadenbild: Der uralte byzantinische Typus der Maria Glykophilousa, der Süßliebenden/-küssenden – so genannt, weil sich Mutter und Kind Wange an Wange schmiegen –, präsentiert sich ebenso lyrisch wie klassisch über dem Dreieck komponiert – ähnlich der «Madonna Tempi» von Raffael, im Gegensatz zu dieser jedoch die Blicke der Gläubigen mit mildem Blick beantwortend. Es ist eine der letzten Madonnen des Meisters, nach 1537 gemalt.

Adam aus der Mitteltafel «Sündenfall und Erlösung» des Altarwerks
von Lucas Cranach d. J. 1555. Weimar, Stadtkirche St. Peter und Paul.
Siehe Abb. S. 118/119

Madonna (Mariahilfbild). Nach 1537. Innsbruck, Stadtpfarrkirche (F. R. 393)

Lebensgeschichte 4
Spätzeit, Exil und Ende in Weimar

Von besonderen Ereignissen im Leben des Lucas Cranach ist während langer Jahre kaum etwas Greifbares dokumentiert. Die ständigen Kämmereirechnungen vermitteln den Eindruck nicht abreißender Routineleistungen, die im gesamten sächsischen Territorium anscheinend fast immer zur Zufriedenheit der Besteller ausgeführt wurden. Im Jahre 1541 starb Barbara, des Malers Ehefrau. Das bereits erwähnte, auf Hunderte von Distichen aufgeblähte Trostgedicht von Johannes Richius aus Hannover[49] ruft langatmig das eheliche Glück der Gatten in Erinnerung und bekräftigt die gerechte Trauer wegen dessen Ende, verhüllt aber in seiner Konventionalität die subjektive Wirklichkeit mehr, als daß es sie dokumentiert. Des Poeten am Ende ausgesprochene Ermahnung an den Hinterbliebenen, der Gattin ein Grabmal aus Marmor zu setzen (und darein zusammen mit ihrem Gebein seine Tränen zu versenken), scheint auch nicht befolgt worden zu sein; von Barbara ist weder ein Bild, Grab noch Grabspruch bekannt. Zwei Jahre später, 1543, entstand dagegen ein kleiner Porträt-Holzschnitt des Siebzigjährigen, das wohl einzige Bildnis des Malers aus seiner Lebenszeit von fremder Hand, mit Ausnahme von Dürers Zeichnung in Bayonne. Der Alte mit dem kurzgeschnittenen Haupthaar und dem langen V-förmig gespaltenen Vollbart hat sich darin in souveräner Personalunion seiner beiden Engagements wiedergeben lassen: Als Bürgermeister trägt er den eindrucksvollen Pelzmantel eines Patriziers mit hochgestelltem Kragen, als Maler kennzeichnet ihn das am Rande abgelegte Gerät: Pinsel und Palette, die er mit seinen ostentativ vorgewiesenen Handschuhen gar nicht hätte halten können.[50]

Die mutmaßliche Gleichförmigkeit des täglichen Lebens zwischen der Stadt und den Gewerben, zwischen Werkstatt und Auftragsorten wurde aber zunehmend von äußeren Ereignissen gestört. Die einst in Wittenberg ausgelöste religionspolitische Dynamik begann auf ihren Ursprungsort zurückzuschlagen. Luther lebte nicht mehr, aber er hatte kurz vor seinem Tod im Jahre 1546 die Ahnung ausgesprochen, die «Kinder [würden noch] den Spieß in die Hand nehmen» müssen, denn es werde «übel zugehen in Deutschland». Dazu bedurfte es allerdings keiner seherischen Begabung, denn mit der Gründung des Schmalkaldischen Bun-

Unbekannter Künstler: Lucas Cranach als Bürgermeister. 1542. Holzschnitt

des waren die Würfel gefallen – für die Konfrontation, die früher oder später eintreten mußte.

Dem Landesherrn, Herzog Johann Friedrich I., wurde aufgrund des verschlechterten Verhältnisses zum Kaiser erst 1535, drei Jahre nach seinem Amtsantritt, die sächsische Kurwürde bestätigt. Als Protagonist des Schmalkaldischen Bundes und – neben dem hessischen Landgrafen Philipp I. – als einer der beiden Bundeshauptleute hatte er sich eher widerwillig als führender Gegenspieler des Kaisers unter den protestantischen Reichsständen exponiert. So war abzusehen, daß die militärische Entscheidung in Sachsen fallen würde, wenn Karl V. nach Erledigung der Türkenfrage und des Krieges mit Frankreich freie Hand haben würde.

Einen Vorgeschmack auf die Zukunft gab der kursächsisch-hessische Feldzug gegen den katholischen Herzog Heinrich den Jüngeren von Braunschweig-Wolfenbüttel im Jahre 1542 als Exekution eines (Schmalkaldischen) Bundesbeschlusses. Cranach stellte ein Jahr später 45 Taler und annähernd 100 Gulden in Rechnung für einen Komplex Militaria, darunter die Lackierung von 40 Hellebarden sowie die Lieferung von 25 Fähnrichsfahnen und von 1900 (!) kolorierten Wappen. Auch der verbündete Landgraf von Hessen empfing kolorierte Wappenholzschnitte in ähnlicher Anzahl. Sie dienten vermutlich zur hoheitlichen Kennzeichnung besetzter oder requirierter Gebiete und Gebäude.

Doch es blieb nicht bei solcher Beteiligung am Krieg aus der Ferne; der siebzigjährige Künstler mußte als Bildberichter an die Front vor die Festung Wolfenbüttel, die von den Verbündeten belagert und schließlich genommen wurde. Ergebnis der Kampagne sind zwei große und ein kleines Leinwandbild sowie «IX [9] ausgestrichene [d. h. kolorierte] und illuminierte pergamentene Wulfenbeutel»[51]; gemeint ist vermutlich der bekannte Riesenholzschnitt mit der Belagerung von Wolfenbüttel, im (nicht erhaltenen) Vorzugsdruck auf Pergament. Von acht Stöcken (im Gesamtformat von 67 × 110 cm) gedruckt, wird eine Vedute aus der Vogelschau geboten, in der die Lager der verbündeten Fürsten im Vordergrund die wichtigste Rolle spielen, da sie vom (späteren) Sieger zeugen sollten. Das Blatt, das als Geschenk an befreundete Häuser diente, erfreut sich gleichmäßig flächendeckender künstlerischer Obacht, wie sie bereits beim frühen Holzschnitt der Hirschjagd von 1506 zu beobachten ist; mehr das Werk eines Chronisten denn eines Regisseurs, wie schließlich auch die Kopfleiste verrät: «Warhafftige abcontrafractur, welcher gestalt die zwen Kur und Fursten zu Sachssen und Hessen, Herzog Heinrichs der sich der junger von Braunschwig nennet unuberwindlich schlos (wie ers genant) Wolfenbuttel erobert geschossen und eingenommen haben. XLII.»

Mit Manifestationen eines Sieges wie diesem sollte es jedoch bald ein Ende haben. Auf dem Regensburger Reichstag von 1546 wurde die Reichsacht über die beiden Bundeshauptleute verhängt und der Krieg beschlossen. Die protestantische Seite zeigte sich aufgrund innerer Widersprüche von Anfang an unfähig, ihre gewaltige Überlegenheit wirksam einzusetzen. Der Wechsel des albertinischen Herzogs Moritz, den Cranach als kleinen Prinzen porträtiert hatte (F. R. 306), zur kaiserlichen Partei war nicht Ursache, gab aber den Ausschlag für die Katastrophe der Protestanten. In der Schlacht am 24. April 1547 auf der Lochauer Heide nahe Mühlberg unterlag Johann Friedrich dem verbündeten Heer der Albertiner Sachsen und der italienisch-spanischen Kontingente des Kaisers unter Herzog Alba, dem späteren Unterdrücker der Niederlande. Johann Friedrich geriet in Gefangenschaft, die Festung Wittenberg kapitulierte.

Die apokalyptische Stimmung in der belagerten Stadt ist eingefangen in dem Bericht von Johannes Bugenhagen, wenn es dort über ein mißgestaltetes Kalb und das Aufsehen, das es erregte, heißt: «Von Bitterfeld war hereingeführt ein Wundertier, von einer Kuh geboren, welches Lucas Maler hat abkonterfeit, das machte jedermann greulich Bedenken.»[52]

In diesen düsteren Tagen wurde der alte Maler, wie mehrere Chroniken berichten, durch einen Herold in das feindliche Heerlager bei Piesteritz vor die Augen des Kaisers bestellt. An dieser Tatsache wird man nicht zweifeln können, wenn auch die Berichte mit zunehmendem Abstand von den Ereignissen immer märchenhafter und als bedachte Legendenbildung erkennbar werden. Wenn es denn heißt, der greise Meister habe mit dem Schlimmsten gerechnet, sein Testament gemacht und Abschied von den Seinen genommen,[53] so darf das dem dramaturgischen Aufbau der erzählerischen Spannung zugerechnet werden, die sich dann in der überraschenden Gunst des Kaisers entlädt. Cranach stand gewiß nicht wirklich in der Gefahr, als Bediensteter des Besiegten dem Sieger zum Opfer zu fallen.

Tatsächlich dürfte der kunstinteressierte Monarch den renommierten Maler als die einzige Person in der bezwungenen Stadt erkannt haben, die ihm, ohne daß er sich kompromittierte, eine zivile und angenehme Unterhaltung zu versprechen schien. Ein vergleichbares Gespräch mit den amtlichen Würdenträgern verbot sich von selbst, und die Universitätsprofessoren waren konfessionell vorbelastet, so daß sie in dieser Lage als Gäste des Siegers nicht willkommen waren. Die Einladung des Künstlers durch den siegreichen Fürsten darf, über die individuelle Konstellation hinaus, als generelle Bestätigung der künstlerischen Freiheit gewertet werden, die dafür steht, daß der Urheber und seine Werke nicht als parteiische Instanzen zu gelten haben, sondern daß sie gleichsam Immunität besitzen. Zu dieser Einsicht mußten sich, ob sie es wollten oder nicht, auch andere Sieger bequemen, etwa die Medici, als sie nach ihrem Triumph über Florenz den Republikaner Michelangelo in ihren Diensten sehen wollten. Solche überparteiische Großherzigkeit war dem Fürsten vorbehalten. Das beteiligte Kriegsvolk wußte dagegen nach wie vor zwischen Freund und Feind zu unterscheiden, auch wo es sich um Kunstwerke handelte; es heißt, der eben fertiggestellte Cranachsche Reformationsaltar der Wittenberger Stadtkirche sei von einem rasenden Spanier mit dem Säbel attackiert worden. Sicher ist, daß die «Spanier und anderes welsches Kriegsvolk des Kaisers Caroli» damals die Bilder Cranachs in Schloß Torgau zerstörten, «allein der Ursache halber, daß solche Gemälde die Vergleichung Christi und des Papsts enthielten»[54].

Die Unterhaltung begann denn auch, nach Matthias Gunderams Aufzeichnungen von 1556[55], unter diesem versöhnlichen Aspekt der Kunst, indem der Kaiser seinem Gast gegenüber bemerkte, einst «eine trefflich gemalte Tafel» als Geschenk «deines Fürsten» empfangen zu haben, «den ich neulich in der Schlacht gefangen genommen habe»; er wisse aber nicht, ob die Tafel von Cranachs eigener oder der Hand seines Sohnes stamme (womit der Kaiser in seiner Kennerschaft ähnlich dasteht wie alle späteren Cranach-Kenner!); und als er, Karl, hörte, daß der Maler noch in dieser Stadt lebte, habe er ihn sehen wollen. Später kommt der Monarch auf sein Knabenbild von der Hand des jungen Cranach zu sprechen, das er noch immer in seinem Haus zu Mecheln besitze, und will die Umstände erfahren, wie es zustande gekommen, und wie er, als kindliches Modell, sich dabei angestellt habe. Der Maler erstattet detaillierten Bericht über die Episode aus der Kindheit des Monarchen, übrigens eines der wenigen Zeugnisse von der Niederlandreise des Künstlers im Jahre 1508. Als der Maler am Ende der Audienz aus dem Munde des gutgelaunten Kaisers vernimmt, daß er einen Wunsch frei habe, reagiert er aber nicht als ein Künstler, dem die Legenden seit Alexander dem Großen solche Gnade zugestehen, sondern als Patriot und treuer Diener seines Herrn, indem er kniefällig um die kaiserliche Milde für seinen gefangenen Fürsten bittet.

Die gnädige Aufnahme bei Kaiser Karl verhinderte nicht, daß im Leben des alten Malers einschneidende Veränderungen eintraten. Der Landesherr Johann Friedrich büßte aufgrund der Wittenberger Kapitulation vom 19. Mai 1547 seine Kurwürde und Teile seines Fürstentums ein, die später dem «Verräter» Moritz übertragen wurden, rettete aber sein Leben. Mehr eine Geisel denn ein Gefangener, wurde er im Troß des Siegers fortgeführt, zunächst in die Niederlande, dann über Köln und Augsburg nach Innsbruck und am Ende wieder nach Augsburg. Damit betrachtete man anscheinend bei Hofe das Amt des Malers als außer Kraft gesetzt, wenn wohl auch nicht als erloschen.

Denn bereits ein Vierteljahr später wünschte der Fürst aus seiner Haft den Maler an seine Seite. Des Künstlers Gegenwart sollte der Gefangenschaft wohl einen standesgemäßen Anstrich verleihen, zudem die Versorgung mit gefälligen Bildern sicherstellen, die der Gefangene, um seine Lage zu verbessern, gern an einflußreiche Personen verschenkte. Außerdem wird glaubwürdig berichtet, daß der Maler infolge seiner langjährigen Dienste, bereits in der dritten Herrschergeneration, nicht nur als ein Familiare, sondern als überlebender Zeuge einer bereits legendären Vergangenheit geschätzt wurde: «Da Lucas besondere Kenntnis von früheren Angelegenheiten und Begebenheiten hatte und Interessantes von dem Oheim und Vater dieses Fürsten zu erzählen wußte, so wurde er von dem Kurfürsten Johann Friedrich unter die von ihm besonders geschätzten Männer gezählt», so Gunderam im Jahre 1556.[56]

Der Brief des gefangenen Fürsten vom 2. August 1547 mit der Aufforderung, «begehren wir, du wellest Dich furderlich zu uns anher gegen Augsburg verfügen»[57], dürfte den Maler jedoch in arge Verlegenheit gebracht haben. Denn neben seiner Treuepflicht gegenüber dem Dienstherrn hatte Cranach auch die wirtschaftlichen Folgen zu bedenken; und die gaben zur Sorge Anlaß. Durch den sich abzeichnenden Wegzug des Hofes nach Weimar, die neue Residenz des restlichen ernestinischen Gebietes in Thüringen, drohten den ohnehin bereits geschmälerten Einnahmen des Wittenberger Ateliers weitere Einbußen; der Wechsel an den

Ort des inhaftierten Herrn konnte da keine Besserung versprechen, sondern – im Gegenteil – nur den Ausblick auf weitere Verluste eröffnen. Denn die «Hofhaltung» des Gefangenen, auf deren Großzügigkeit dieser keinen geringen Wert legte, war wegen der unplanmäßigen Situation nur ungenügend durch einen Etat abgesichert und befand sich in ständiger Geldverlegenheit.

Cranach mußte besonders beunruhigt sein, weil er über diesen Sachverhalt intimste Kenntnis besaß; hatte er doch selbst (gemeinsam mit dem Kämmerer Hans von Ponikau) zu dieser Zeit seinem Fürsten einen Privatkredit in der beträchtlichen Höhe von 5000 Gulden zur Verfügung gestellt, um den er mittlerweile nicht nur wegen seines eigenen Einsatzes bangen mußte, sondern für den er zu Teilen gegenüber mehreren Subgläubigern haftete. Der Brief des Malers von 1547 an den Fürsten mit der dringenden Bitte um Entlastung läßt zwar nicht den Zweck des Kredits, aber die Sorge um dessen Tilgung erkennen. Der Bedienstete mußte befürchten, für sein Engagement zugunsten seines Herrn nicht nur unbezahlt zu bleiben, sondern als Krediteur selber zur Kasse gebeten zu werden.

Auf jeden Fall konnte sich der Maler im Jahre 1547 nicht entschließen, dem Befehl Folge zu leisten; er begründete seine Absage in dem Brief vom 14. August 1547 mit Krankheit: *Darauf ich E. F. Gn. [Euer Fürstlichen Gnaden] untertänig nicht verhalten will, daß ich [...] zur Zeit nicht reisen kann, dann ich den Schwindel im Haupt habe und oft vierzehn Tage nicht aus dem Haus kommen kann.*[58] Man hat – bei einem Fünfundsiebzigjährigen – keinen Grund, an dieser Erklärung zu zweifeln, darf die (Kreislauf-)Beschwerden aber auch anstatt als Ursache ebensogut als Folge der Aufregungen deuten, die diesem nach der politischen Katastrophe mit der persönlichen Inanspruchnahme ins Haus getragen wurden. Als Quittung für seine Weigerung wurde dem Maler der Jahressold von 100 Gulden vorerst gestrichen. Die Entfernung vom Fürsten scheint das Hofamt in eine Art Ruhestand versetzt zu haben, zumal der Künstler darüber hinaus keine Anstalten machte, dem nach Weimar verlegten Hof zu folgen.

Dennoch ruhten damit die guten Dienste, die der Maler für seinen Herrn auch jetzt noch verrichtete, keineswegs. In mehreren Briefen des gefangenen Fürsten an seine Söhne, die im verbliebenen ernestinischen Gebiet die Regentschaft ausübten, ist die Rede von Gemälden, die Cranach in Verwahrung genommen habe. Es muß sich dabei um eine stillschweigende Aktion zur Rettung des fürstlichen Kunstbesitzes in Wittenberg gehandelt haben, nachdem nunmehr – seit dem Augsburger Reichstag 1548 – Moritz von Sachsen Stadt und Kur in Händen hielt. Es ging dabei um Sicherung von Denkmälern, wie des steinernen Bildnisses von Johann Friedrich, das aus der Schloßkirche in Cranachs Haus gebracht wurde, aber mehr noch um die kostbarsten Stücke der Ausstattung, die jeder Kunstsammlung Ehre gemacht hätten und Gefahr liefen, neue Liebhaber zu finden. Namentlich hervorgehoben wurde wiederholt eine Tafel «mit den zehntausend Rittern»[59], sicher Dürers heute in Wien befindliches Gemälde der «Marter der Zehntausend», das der Fürst nach Antwerpen in die dortige Fuggersche Niederlassung zu ordern versuchte, ob als Anlaufstelle, zum Verkauf oder als Sicherheit für eine Auszahlung, ist unklar. Am Ende (1549) gelangte das Stück als Geschenk des Inhaftierten an den kaiserlichen Kanzler Nicolas Perrenot.

Die von Cranach gerettete und gehütete fürstliche Kollektion beschäftigte ihren Eigentümer noch geraume Zeit aus der Ferne, so als er in einem Schreiben aus Brüssel an seine Söhne 1549 vorsorglich die Aufstellung eines Inventars anordnete: «Es hat aber Lucas Maler noch viel mehr Tafelen und Gemälde, die unser sind, und zu Wittenberg in den Kirchen gewesen, damit wir nach seinem Tode um dieselbigen Tafeln und, was er hat, nicht kommen. So wollen E. L. von Ime ein Inventarium fordern [...].»[60] Die Liste der von Cranach tatsächlich speditierten Bilder – er hat vermutlich etliche zurückbehalten – umfaßt, neben Dürers genanntem Werk, vier Tafeln von eigener Hand, darunter «ein Tuch, do die Hasen die Jäger fangen und braten»[61]. Zufällige Notizen, wie diese, zeigen nebenbei, daß in der riesigen Zahl erhaltener Cranachscher Werke doch nicht alle Sujets auf uns gekommen sind. Ein Bild aus dem Themenkreis der «verkehrten Welt», wie das genannte, ist weder von Cranach noch seinen Zeitgenossen bekannt; die Nachricht davon bezeugt einmal mehr den retrospektiven, spätmittelalterlichen Ansatz der Cranachschen Ikonographie, die er in seiner scheinbar naiven Manier erfolgreich zu «modernisieren» verstand.

Drei volle Jahre nach der Weigerung, seinem Fürsten in die Haft zu folgen, entschloß sich der Künstler doch noch zu diesem Schritt. Ob dieses aus Pflichtgefühl, persönlicher Treue oder aus der Absicht geschah, die Beziehungen zum wichtigsten Auftraggeber nicht zu gefährden, wird nicht mehr eindeutig zu klären sein. Die alsbald aufblühende Legendenbildung hat darin die reine Anhänglichkeit des Malers gegenüber seinem Dienstherrn, dem dritten aus derselben Familie in Folge, gesehen und gelobt. Als Grund ist in dem späteren, neuerlichen Anstellungsdekret für den Künstler (von 1552) durch den Ausstellenden mitgeteilt, «weil er sich auf unser gnädiges Begehren, von Wittenberg, aus einem untertänigen Mitleiden, und damit uns in der langwierigen Verhaftung die Zeit nicht langweilig [werde], zu uns gegen Augsburg verfügt» habe[62]. Vermutlich hatte Johann Friedrich über seinen Vertrauten und Verwaltungschef, Cranachs Schwiegersohn Dr. Christian Brück, so lange gedrängt, bis dieser in einem langen Schreiben gegen Ostern 1550 den Erfolg nach Augsburg melden und über den Gesundheitsstand des Greises mitteilen konnte, sein «Schwieger [sei] frisch und gesund gottlob», und er könne «keine Stunde ledig oder müßig sitzen»[63].

«Daß Meister Lucas Maler gewilligt, sich von Wittenberg gegen Weimar und folgends zu uns zu begeben», höre er, so der ehemalige Kurfürst in seinem Antwortschreiben an Brück,[64] «ganz gern»; und er gibt Weisung, die Reise über Weimar zu organisieren, und zwar «ohne sonderliches Geschrei», wie eigens gesagt wird: vielleicht um den neuen Kurfürsten, nunmehr Landesherr in Wittenberg, nicht unnötig aufmerksam zu machen. Der Siebenundsiebzigjährige regelte, wie Gunderam berichtet, seine Angelegenheiten, machte sein Testament und übertrug endgültig den Betrieb seinem Sohn. Er dürfte kaum daran gezweifelt haben, daß es ein Abschied für immer sein würde.

Im Sommer 1550 traf Cranach in Weimar ein, wo er seinen Schwiegersohn Brück traf. Gemeinsam reisten sie nach Augsburg weiter, wo sie am 23. Juli ankamen. Die Besoldung wurde neu berechnet, rückwirkend wurde dem Maler von Michaelis 1546 bis Ostern 1547 ein halbes Jahresgehalt zugestanden; von da an bis zum Eintreffen in Augsburg entfiel der Sold, der von diesem Datum an wieder in alter Höhe gezahlt werden sollte. Da sich aber die fürstliche Kasse im Exil, wenigstens in solcher Angelegenheit, wenig zuverlässig zeigte, war der Maler genötigt, seinen Unterhalt zu guten Teilen selbst zu verdienen.

Die bedeutende Reichsstadt, die während der Anwesenheit des Kaisers als ein europäisches Zentrum gelten konnte, bot einem Maler von der Bekanntheit Cranachs Aufträge und Kontakte in Fülle. So porträtierte er nicht nur seinen Fürsten, dessen Bildnisse an Freund und Feind, etwa den Bischof von Arras, verschenkt wurden, sondern malte auch auf eigene Rechnung. Aus der erhaltenen eigenhändigen *Rechenschaft* von Augsburg erfahren wir eine Reihe von Namen, den Kaiser, die Familie Welser, einen Grafen von Gleichen u. a.[65] Darunter taucht auch der Name Tizians auf, *des Malers von Venedig,* der damals am Hofe Karls, um diesen zu porträtieren, in Augsburg weilte und von Cranach gemalt wurde. Dieses Bild ist verloren, nicht aber das Porträt, das Tizian seinerseits von Cranachs Fürsten, Johann Friedrich dem Großmütigen, anfertigte und das in Gegenwart des eigenen Hofmalers wie eine Herausforderung an diesen aufgefaßt werden konnte. Das in Wien befindliche Bildnis besticht durch die typisch tizianische Großartigkeit, mit der kein zweiter Maler mithalten konnte, unterwirft sich gleichwohl dem sächsischen Herrscher-Typus, der in Jahrzehnten von Cranach entwickelt worden war.

Die zwei Bilder des Kaisers von Cranachs Hand leugnen dagegen die einschlägige Ikonographie dieses Monarchen, des Herrschers, «in dessen Reich die Sonne nicht unterging», und zählen zu den persönlichsten Aufnahmen, die wir von Karl V. kennen. Eines der beiden Bilder (F. R. 345a) müßte, seinem Datum 1548 nach, im Heerlager vor Wittenberg gezeichnet worden sein; es zeigt den Monarchen befremdlich nachdenklich und privat, ohne die Spur des Herrschers und Siegers, wie es Tizians Kaiser-Bildnisse – wenn auch von Skrupeln gezeichnet – für die Welt festhielten.

Tizian: Kurfürst Johann Friedrich der Großmütige. 1550.
Wien, Kunsthistorisches Museum

Das andere, undatierte Bild (B. 200) dürfte damals in Augsburg entstanden sein; Tizians Wirkung ist hier unverkennbar, aber sie beschränkt sich auf die Großzügigkeit der Statur, ohne Einfluß auf die Charakterisierung des Porträtierten zu nehmen.

Die erwähnte Augsburger *Rechenschaft* gibt Zeugnis von der enormen Schaffenskraft, die der mittlerweile annähernd Achtzigjährige, der sicher keinen Gehilfen oder Lehrling an seiner Seite hatte, nach wie vor an den

Kaiser Karl V. 1533. Madrid. Thyssen-Bornemisza-Museum (F. R. 345)

Tag legte. Die eindrucksvolle Liste, die auch über die unterschiedlichen Aufgaben, die Auftraggeber und die «aktuelle» Ikonographie Auskunft gibt, sei, gekürzt um die Leistungen von sekundärem Charakter, an dieser Stelle wiedergegeben:
Item was ich seit der nächsten Rechenschaft gemacht hab zu Augsburg.
- *20 Florin vor den Paris auf Tuch von Ölfarben*
- *5 Florin vor die Judith Doktor Achilus*

- *5 Florin ein Marienbild der Pfistern*
- *5 Florin dem Bischof von Arras vor meines Herrn Contrafet*
- *5 Florin vor Thucia [Tizian] Conterfet, des Malers von Venedig*
- *15 Florin vor das Tuch dar Christus bei dem Weib beim Brunnen steht*
- *5 Florin vor meines Herrn Cunterfet, Hans Welsers Weib*
- *2 Florin vor ein kleins Cunterfet Grafen – [?] Gleichen*
- *5 Florin vor ein Tuch mit ein Caritas – [?] Arzt*
- *3 Florin vor ein Barmherzigkeit*
- *4 Florin vor ein Marienbild, des Kaisers Zwerg*
- *5 Florin vor mein Cunterfet mit einem Weibe*
- *5 Florin vor meinen jungen Herrn Johann Friedrich*
- *5 Florin vor den König von Jerusalem*
- *5 Florin vor meins Herrn Kontrefet, Moritz Welser ist geschenkt*
- *3 Florin vor den Tänzer Spanier und vor meines Herrn Wappen […] Diese Tücher sein noch zu verrechnen.*
- *Diana, die den Jäger begeußt, daß ein Hirsch aus ihm wird*
- *ein Meerwunder führt einem Herrn sein Weib hinweg*
- *von Hercules der spinnt*
- *Adam und Eva*
- *ein Charitas*
- *eine Venus*
- *ein Ölberg*
- *ein Auferstehung*
- *ein Himmelfahrt*
- *dar man die Kindlein zum Herrn bringt*
- *ein Weihnacht*
- *die Abnehmung, ein Vesperbild*
- *und die Affen zu kunterfeien*
- *Item die – [?] oder – [?]*
- *die zehn Zwerge des Kaisers […].*

Es handelt sich nach der eingangs gemachten Bemerkung nur um die Liste der Arbeiten seit der *nächsten*, das heißt der letzten Aufstellung, die es also zusätzlich gegeben haben muß. Der alte Cranach kann damit überzeugend die gängige Annahme widerlegen, daß die «Cranachschen» Spätwerke mehr oder minder der Hand des Sohnes zuzurechnen seien. Neben den altbekannten Sujets, ob «katholisch», ob «protestantisch», ob profan und erotisch, tauchen erneut Themen auf, die bis heute nicht im erhaltenen Œuvre nachzuweisen sind.

Das uns unbekannte, rätselhafte Konterfei *mit einem Weibe* gibt Anlaß, das Selbstbildnis des Malers in Erinnerung zu rufen, das – 1550 datiert – damals entstanden sein dürfte, gelegentlich aber auch für eine Arbeit seines Sohnes anläßlich des Abschieds von Wittenberg gehalten wird. Später gelangte es, angeblich als Geschenk Augusts II. von Sachsen, in die Selbstbildnisgalerie der Uffizien in Florenz. Es zeigt «aetatis suae LXXVII», im Alter von 77 Jahren, einen ebenso ansehnlichen wie aufrechten Greis (F. R. 425), dessen kern- und ehrenfest charakterisierte Züge zum unlösbaren Bestandteil der reformatorischen Physiognomik geworden sind. Dürers zahlreiche Selbstbildnisse, die gemalten und gezeichneten, vermitteln uns die bildlichen Daten eines ganzen, vielfältigen, sich wandelnden Menschenlebens; bei Cranach, der sich im übrigen nur marginal abbildete, hat es den Anschein, er habe die Nachwelt mit diesem magistralen Bilde ein für allemal festlegen wollen auf eine Bewertung, mit der er ebenbürtig neben Luther treten konnte. In diesem Habitus steht er auf dem Weimarer Flügelaltar von der Hand seines Sohnes (F. R. 434) neben dem Reformator in Lebensgröße unter dem Kreuz, begnadet durch den Blutstrahl aus der Seitenwunde des Erlösers, wodurch sein weltliches Leben vor der Ewigkeit vergeben und vergessen gemacht ist.

Der auswärtige Aufenthalt, neben Augsburg auch in Innsbruck, zog sich gut zwei Jahre lang hin. In der Zwischenzeit änderte sich die politische Wetterlage. Der sprunghafte Moritz, nunmehr Kurfürst von Sachsen, hatte inzwischen gegen seinen einstigen Kombattanten, den Kaiser, Front gemacht und drohte im Bündnis mit Frankreich übermächtig zu werden. Als er mit seinen Truppen in Süddeutschland und in Tirol erschien, entließ Karl seinen Gefangenen und restituierte dessen Herrschaft, wohl auch um den Aggressor in Schach zu halten. Zusammen mit seinem Maler zog Johann Friedrich, der von seinen Anhängern zu einem Märtyrer der Reformation verklärt wurde, im September 1552 über Nürnberg, Bamberg, Coburg triumphal in seine verbliebenen Länder ein. Der feierliche Empfang in Jena sah den Maler gemeinsam mit seinem Landesherrn und dem Erbprinzen, Johann Friedrich dem Mittleren, im ersten Wagen des Zuges. Am 26. September traf man in der neuen Residenz Weimar ein, wo Cranach in dem eben errichteten Hause seines Schwiegersohnes, des Kanzlers Brück, und seiner Tochter Barbara am Markt Quartier nahm. Hier sah er noch einmal seine Familie, die vor der Pest in Wittenberg vorübergehend nach Weimar geflohen war, den Sohn und die neue Schwiegertocher Magdalena Schurff, die sich, nach dem Tod der ersten Frau, in der Zwischenzeit (1551) verbunden hatten.

Sehr bald nach der Ankunft in Weimar wurde ein Dekret zur neuerlichen, dritten Anstellung als Hofmaler verfügt, in dem die bisherigen Regelungen ergänzt durch einige neue schriftlich niedergelegt wurden. Vermutlich führte das hohe Alter des Malers nun zu der – offenbar einvernehmlichen – Einschränkung des Kündigungsrechts: Er solle «uns und unserem Sohn Zeit seines Lebens, und sonst niemands, mit Diensten verwandt, auch schuldig sein, wie er sich dann dazu untertäniglich erboten, bei uns und unserem freundlichen lieben Sohn, die Zeit seines Lebens, zu bleiben»[66]. Zudem wird der Maler verpflichtet, für seine Herren etwas

Grabmal Lucas Cranachs d. Ä. Replik. Weimar, Friedhof von St. Jakob

billiger als für andere zu arbeiten. Aus der erhaltenen Liste der am Hofe Gespeisten geht nicht nur hervor, daß der Maler bei Tische vor einigen Adligen plaziert war, sondern auch daß er erneut Lehrlinge, wenigstens zwei, beschäftigte. Ob und inwieweit er das wiederhergestellte Hofamt tatsächlich ausüben konnte, ist unbekannt.

Der Künstler starb, 81 Jahre alt, am 16. Oktober 1553, wie es heißt, an Altersschwäche. Er wurde auf dem Friedhof von St. Jakob in Weimar begraben. Die drei Söhne seines letzten Herrn sollen ihm das noch bestehende Grabdenkmal gesetzt haben. Es zeigt den Verstorbenen in flachem Relief mit kreisrunder Palette, an seinem Fuße das Cranach-Wappen in der Fassung von 1537 mit kompletter Helmzier. Die umlaufende Inschrift lautet: «ANO. CHRI. 1553: OCTOB. 16. PIE. OBIIT. LUCAS. CRANACH. I. PICTOR. CELERRIMUS. ET. CONSUL. WITEBERG: QUI. OB. VIRTUTT. TRIB. SAXONIE. ELECTORIB: DUC. FUIT. CARISSIMUS. AETATIS. SUE. 81.» – «Im Jahr des Herrn 1553 am 16. Oktober starb in Frömmigkeit Lucas Cranach I., der schnellste Maler und Wittenberger Ratsherr [oder Bürgermeister], der durch seine Tugend drei sächsischen Kurfürsten und Herzögen sehr teuer war, im Alter von 81 Jahren». Ältere Cranach-Biographen hielten das Wort «celerrimus», «der schnellste», das sie sich nicht erklären konnten, für einen Schreibfehler, der sich anstelle des Wortes «celeberrimus», «der berühmteste», eingeschlichen habe.

Dabei braucht man sich nur der Lobrede des Dr. Scheurl von 1508, am Beginn der Karriere des Malers, zu erinnern, in der es heißt: «Nicht übergehen kann ich jedoch, daß [...] Dich jedermann wegen der wunderbaren Schnelligkeit lobt, mit der Du malst und durch die Du nicht nur dem Nicomachus oder Marcia, sondern allen Malern überlegen bist; welche Schnelligkeit Du, nach meinem Dafürhalten, durch fortwährendes Studium und beständigen Fleiß Dir erworben hast.» Nach des älteren Plinius Lob für die Malgeschwindigkeit des Nikomachos – «kein anderer hat in dieser Kunst schneller gearbeitet»[67] – war eine entsprechende Fähigkeit zu einem Maßstab des künstlerischen Wettbewerbs geworden. Die Höfe mit ihren eiligen, oft ephemeren Bedürfnissen förderten die Verbreitung dieser Fähigkeit und ihrer Legende. Aber neben den Bestellern war der Künstler, Cranach, selbst der erste Nutznießer dieser Qualifikation, mit der er seinen Umsatz in bis dahin unbekannte Dimensionen trieb. Erst in unserem Jahrhundert, das in der künstlerischen Schnelligkeit keinen Wert mehr zu erkennen vermag, fand Cranach seinen Meister: in Pablo Picasso, der dem Wittenberger in zahlreichen Nachschöpfungen wie kein zweiter Künstler der Moderne huldigte.

Der Cranachsche Betrieb verblieb nach dem Tod des alten Cranach in Wittenberg. Die exklusive Beziehung zum Hof, der nun in Weimar residierte, war damit zu Ende. Unter Lucas dem Jüngeren trat die Vielfalt der Sujets zurück; Fürstenporträts, Epitaphien und evangelische Altargemälde waren die Themen der künstlerisch karger werdenden Epoche. Daneben spielte der Holzschnitt wieder eine größere Rolle. Der Sohn, der wie sein Vater die Ämter des Ratsherrn, Kämmerers und Bürgermeisters innehatte, starb 1586 in Wittenberg und wurde in der Stadtkirche beigesetzt. Sein Sohn aus zweiter Ehe, Augustin Cranach, setzte die Berufstradition fort; er starb als Maler und Ratsherr 1595.

Unter den Nachfahren Cranachs trat vor allem im 17. und 18. Jahrhundert eine große Anzahl bemerkenswerter Talente und Intelligenzen in Erscheinung, die sich als «Cranachiden» verstanden und verstanden wurden. 1647 konnte der Wittenberger Pastor Paul Röber in seiner Leichpredigt auf Elisabeth Leyser, eine geborene Cranach, feststellen: «So hat auch Gott der Herr das Geschlecht des Gerechten gewaltig gesegnet, daß es für sich und mit Befreundung in andere Geschlechter sich weit ausgebreitet, also daß unterschiedliche, vortreffliche Leute und Doktoren, Kanzler, Räte, Professoren in allen Fakultäten, Superintendenten etc. den Herrn Lucas Cranach für ihren Ur- und Ahnherrn oder Großschwieger erkennen [...].»[68]

Der Segen des Herrn für das Geschlecht des Malers war damit noch lange nicht erschöpft. Weitere und weit bedeutendere Nachfahren als die von Röber angesprochenen erwuchsen ihm in den Geschwistern Friedrich und August Schlegel, sodann – im neunten Glied direkter mütterlicher Abstammung (Textor) – in Johann Wolfgang Goethe. Daß dieser in Weimar, unweit des Wohn- und Sterbehauses seines Vorfahren, seinen Sitz und seine Beamtung als einer der letzten Hofkünstler(-dichter) nahm, will aber nicht anders denn als listige Fügung der Geschichte verstanden sein.

Anmerkungen

In der Bibliographie aufgeführte Titel werden in den Anmerkungen in Kurzform zitiert

1 Mündliche Mitteilung Rosenbergs an Dieter Koepplin. Basel I, S. 15
2 Vgl. Schuchardt I, S. 19
3 Lüdecke 1953, S. 56
4 Schuchardt I, S. 200 ff.
5 Lateinischer Huldigungsbrief des Dr. Scheurl an Cranach, dem Abdruck seiner akademischen Rede vom 16. 12. 1508 in der Wittenberger Schloßkirche vorangestellt; erschienen Leipzig 1509. Im folgenden wiederholt zitiert nach der Übersetzung bei Lüdecke 1953, S. 49 ff. Christoph Scheurl (1481–1542) aus Nürnberg hatte in Bologna Jura studiert und wurde 1507 an die Wittenberger Universität berufen
6 Unter der Vita Katharinas in der Legendensammlung «Legenda Aurea», Ed. v. R. Benz
7 Lüdecke 1953, S. 53
8 Philipp Beroaldus (1453–1505), Universitätslehrer in Bologna, wo Scheurl studiert hatte
9 Francesco Raibolini gen. Il Francia (1450–1517), bedeutender Vertreter der bolognesisch-ferraresischen Renaissance
10 Lüdecke 1953, S. 50
11 Lüdecke 1953, S. 59 f.
12 Schade, Urkunde Nr. 155
13 Schuchardt I, S. 127
14 Schuchardt I, S. 99
15 Schuchardt I, S. 143, Dist. 228
16 Zitate bei Schuchardt I, S. 126 ff.
17 Zur Vermögensliste vgl. Urkunden, Nr. 45
18 Schuchardt I, S. 70
19 Vgl. Urkunden, Nr. 42
20 So der deutsche Titel (Stuttgart 1989) des Buches von Margot und Rudolf Wittkower: Born under Saturn. London 1963
21 Urkunden, Nr. 19; Schuchardt I, S. 63 f.
22 Gedruckt in lateinischer Sprache 1514 bei Johann Gronenberg in Wittenberg; vgl. Lüdecke 1953, S. 56 f.; anhand des Textzitates von G. Bauch: Zur Cranachforschung. In: Repertorium für Kunstwissenschaft, Bd. 17, 1894, S. 421 ff., leicht überarbeitet
23 Hierzu ausführlich M. Warnke: Cranachs Luther. Entwürfe für ein Image. Frankfurt a. M. 1984
24 Lüdecke 1953, S. 68 f.
25 Lüdecke 1953, S. 65
26 Schuchardt I, S. 72, Anm. 1
27 Lüdecke 1953, S. 66 f.
28 Lüdecke 1953, S. 113
29 Lüdecke 1953, S. 72
30 Schuchardt I, S. 105
31 Lüdecke 1953, S. 77; sowie Basel I, S. 82 und H. Rupprich: Dürer. Schriftlicher Nachlaß. Bd. 1, Berlin 1956, S. 306
32 Basel I, S. 83; II, Anm. 89

33 Vgl. Lüdecke 1953, S. 77
34 Urkunden, Nr. 40
35 Lüdecke 1953, S. 51
36 Schuchardt I, S. 88
37 H. Rabe unter Nr. 619 im Ausstellungskatalog: Martin Luther und die Reformation in Deutschland. Germanisches Nationalmuseum Nürnberg. Frankfurt a. M. 1983
38 Zit. nach der Abschrift bei Schuchardt I, S. 89
39 Schuchardt I, S. 89 f.
40 Max Beckmann: Briefe im Kriege. Berlin 1916, Brief vom 17. 4. 1915
41 Schuchardt III, S. 142 f.
42 Urkunden, Nr. 54
43 Als Traumgesicht des Ritters Paris zuerst im «Roman de Troie» von Benoît de Sainte-More, gegen 1165; als Traumgesicht der *nackten* Göttinnen zuerst in der «Historia destructionis Troiae» des Guido de Columnis, 1286
44 Buch I der «Hypnerotomachia Poliphili», in der Edition von G. Pozzi und L. A. Ciapponi, Padua 1969, S. 63
45 Schuchardt I, S. 104
46 Lüdecke 1953, S. 70 ff.
47 Silberstiftzeichnung, Museum Bonnat, Bayonne
48 Urkunden, Nr. 49/50
49 Schuchardt I, S. 129–148
50 Vermutlich von der Hand eines Werkstattmitgliedes; ein Exemplar im Dresdner Kupferstichkabinett
51 Schuchardt I, S. 163
52 Schuchardt I, S. 184, Anm. 1
53 So in der «Historia von Lucas Cranach» von Valentin Sternenboke, der sie von Lucas dem Jüngeren gehört und 1609 aufgeschrieben haben will; Lüdecke 1953, S. 88 ff.
54 Zimmerische Chronik, 1566 beendet; es muß sich dabei um gemalte Arbeiten nach Art des «Passional Christi und Antichristi» gehandelt haben. Vgl. Lüdecke 1953, S. 97 und S. 124
55 Schuchardt I, S. 185 ff.; Lüdecke 1953, S. 84 ff.
56 Lüdecke 1953, S. 85
57 Urkunden, Nr. 58
58 Urkunden, Nr. 59
59 Urkunden, Nr. 61
60 Vgl. Schuchardt I, S. 191
61 Urkunden, Nr. 62
62 Schuchardt I, S. 201
63 Jahn/Bernhard, S. 644
64 Jahn/Bernhard, S. 645
65 Urkunden, Nr. 72
66 Schuchardt I, S. 200 ff.
67 Plinius der Ältere: Historia naturalis, Buch 35, Nr. 109
68 Lüdecke 1953, S. 95 f.

Zeittafel

1463	Friedrich der Weise geboren, 1486–1525 sächsischer Kurfürst in Wittenberg aus der Ernestiner-Linie, Gründer der Universität 1502
1471	Dürer in Nürnberg geboren
1472	Cranach in Kronach als Sohn eines Malers geboren. Erste Ausbildung beim Vater
1475	Michelangelo geboren
1483	Luther, Raffael geboren
1501	Cranach in Coburg tätig
1501/02 bis 1505	In Wien tätig. Erstmals als Künstler (Maler, Zeichner, Holzschneider) faßbar. Frühe Hauptwerke: Kreuzigung (F. R. 5), Bildnisse Cuspinian (F. R. 6/7), Ruhe auf der Flucht (F. R. 10). Beziehungen zu den dortigen Humanisten
1505	Übersiedlung als kursächsischer Hofmaler nach Wittenberg. Arbeiten in Wittenberg, Coburg, Lochau, Torgau. Auf den Holzschnitten erscheinen die kursächsischen Wappen
1506	Erste Meisterschnitte: u. a. Hl. Georg, Hirschjagd. Katharinenaltar (F. R. 12–15). Beginn des Neubaus von St. Peter in Rom
1508	Erteilung des erblichen Wappens durch Kurfürst Friedrich den Weisen: geflügelte Schlange. Reise in die Niederlande zu Kaiser Maximilian
1509	Intensive Holzschnittproduktion: Passionsfolge, Wittenberger Heiltumsbuch, Venus und Amor. Erster Kupferstich: Hl. Chrysostomus. Sippen-Altar (F. R. 18). Erstes Aktbild: Venus (F. R. 22)
1510	Botticelli, Giorgione sterben
1512/13	Heirat mit Barbara Brengbier, einer Gothaer Ratsherrntochter. Bild der Hl. Sippe mit Selbstporträt (F. R. 34). Das erste Adam-und-Eva-Bild (F. R. 43)
um 1513	Geburt des Sohnes Hans. Zahlreiche Madonnenbilder. Erstes Paris-Urteil (F. R. 41). Besitz eines großen Hauses am Markt in Wittenberg, mit Weinausschank
1513/14	Albrecht von Brandenburg wird Erzbischof von Magdeburg und Mainz, 1518 Kardinal
1515	Am 4. Oktober Geburt des Sohnes Lucas. Randzeichnungen zum Gebetbuch Kaiser Maximilians
1516	Hieronymus Bosch stirbt
1517	Cranach am Hof Herzog Georgs von Sachsen in Dresden. Luthers Thesenanschlag, Beginn der Reformation

1517/18	Erste Titelrahmen-Holzschnitte, u. a. für Schriften Luthers
ab 1518	Profane und erotische Themen mehren sich: Venus, Paris-Urteil, Quellnymphe, Lukretia u. a. Melanchthon als Professor in Wittenberg
1519	Cranach wird Ratsherr (bis 1545). Tod Kaiser Maximilians, Nachfolger wird Karl V. Leonardo da Vinci stirbt
1520	Erste graphische Lutherbildnisse. Luther wird Taufpate der Tochter Anna. Cranach erhält das Apothekerprivileg in Wittenberg. Studentenaufruhr u. a. gegen Cranach. Tod Raffaels
1521	Luther nach dem Reichstag zu Worms in Schutzhaft auf der Wartburg. Kupferstich Luthers mit Doktorhut, Holzschnitt als Junker Jörg. Illustrationen zur antipäpstlichen Schrift «Passional Christi und Antichristi»
1522	Februar: Bildersturm in Wittenberg. Luther stellt die Ordnung wieder her. Übersetzung des Neuen Testaments, mit Holzschnitten Cranachs, erscheint
1523	Der aus seinem Land vertriebene König Christian II. von Dänemark nimmt Logis bei Cranach
ab 1523	Buchdruckerei Cranachs und Dörings in Wittenberg
1524	Mit seinem Landesherrn auf dem Nürnberger Reichstag. Cranach wird von Dürer gezeichnet
1524/25	Bauernkrieg. Die konfessionelle Spaltung zeichnet sich ab. Beginn der Arbeiten für Albrecht von Brandenburg: Porträts, u. a. Albrecht unter dem Kreuz (F. R. 183), Altäre für Halle
1525	Cranach als Brautwerber und Trauzeuge bei Luthers Verbindung mit Katharina von Bora. Beginn der gemalten Lutherporträts. Friedrich der Weise stirbt, Nachfolger wird sein Bruder Johann der Beständige
ab 1525	Vermehrte Konzentration auf profane Thematik, Porträts
1526	Taufpate bei Luthers erstem Sohn. Bildnisse des Kurprinzen Johann Friedrich und seiner Braut Sibylle von Cleve (F. R. 304/305)
1527	Sacco di Roma, Plünderung Roms durch kaiserliche Truppen
1528	Cranach ist, laut Steuererklärung, größter privater Grundbesitzer und zweitreichster Bürger von Wittenberg. Tod Dürers und Grünewalds
1529	Die Türken vor Wien, wodurch die Kräfte des Katholizismus gebunden sind. Beginn einer spezifisch lutherischen Ikonographie: Sündenfall und Erlösung (F. R. 221)
ab 1530	Auffällige Häufung der Aktmalerei: Adam und Eva, Venus, Quellnymphe, Lukretia, Paris-Urteil, Caritas, Faunfamilie u. a. in jeweils zahlreichen Varianten
1531	Gründung des Schmalkaldischen Bundes der protestantischen Fürsten, unter kursächsischer und hessischer Führung. Hans Burgkmair, Riemenschneider sterben
1532	Nach dem Tode Johanns des Beständigen wird dessen Sohn, Johann Friedrich der Großmütige, Nachfolger im Amt. Wiederum wird Cranach als Hofmaler stillschweigend übernommen. Neue Themen: Herkules und Omphale, Melancholie, Mund der Wahrheit, Ungleiche Paare und Dirnenbilder
1533	Veit Stoß stirbt
1537	Tod des Sohnes Hans in Bologna. Beileidsbesuch und Trost Luthers. Änderung des Cranach-Signets (jetzt Schlange mit liegendem Flügel),

	Reorganisation der Betriebsführung zusammen mit Lucas dem Jüngeren. Erstmals Bürgermeister von Wittenberg (mit Unterbrechungen bis 1544). Gründung der katholischen Liga der Reichsstände
1541	Cranachs Frau stirbt, Lucas der Jüngere heiratet Barbara, die Tochter des kursächsischen Kanzlers Gregor Brück
1542	Ausbruch der Feindseligkeiten zwischen den konfessionellen Lagern. Teilnahme Cranachs am Feldzug gegen Braunschweig-Wolfenbüttel als Bildberichter
1543	Gregor Brücks Sohn Christian, der seinem Vater im Amt folgt, heiratet Cranachs Tochter Barbara. Die Jesuiten in Deutschland. Tod Hans Holbeins des Jüngeren
1545	Hans Baldung Grien stirbt
1546	Luther stirbt. Reichsacht gegen die Führer des Schmalkaldischen Bundes: Johann Friedrich von Sachsen und Philipp von Hessen
1547	Schlacht bei Mühlberg, Kapitulation Wittenbergs. Johann Friedrich in Gefangenschaft Karls V. Cranach beim Kaiser im Feldlager bei Wittenberg. Stornierung des Hofmaleramtes bis 1550
1548	Der Albertiner Moritz von Sachsen erhält auf dem Augsburger Reichstag die Kurwürde sowie ernestinische Gebiete, u. a. Wittenberg. Umzug des Wittenberger Hofes nach Weimar. Cranach verbirgt Kunstschätze seines gefangenen Landesherrn, darunter Dürers «Marter der Zehntausend», und schickt sie zu diesem in die Niederlande
1550	Cranach verfaßt sein Testament, übergibt die Werkstatt seinem Sohn, legt die Ratsämter nieder und folgt seinem Herrn, auf dessen Drängen, in die Gefangenschaft. Aufenthalt u. a. in Augsburg, wo er eine umfangreiche künstlerische Tätigkeit entfaltet: malt den Kaiser, Hofbeamte, Patrizier sowie Tizian, der sich ebendort aufhält, und vermutlich sein Selbstbildnis im Alter von 77 Jahren (F. R. 425)
1552	Haftentlassung Johann Friedrichs. Cranach folgt ihm in die neue Residenz Weimar, wo er sich im Hause seines Schwiegersohns, des Kanzlers Brück jun., niederläßt. Erneuerung des Hofmaler-Patentes und Wiederaufnahme der (unterbrochenen) Besoldung
1553	Cranach stirbt, 81 Jahre alt, am 16. Oktober. Bestattung auf dem St. Jakobskirchhof in Weimar
1554	Johann Friedrich stirbt
1555	Augsburger Religions- und Landfriede. Die Landesherren bestimmen die Konfession ihrer Untertanen
1556	Abdankung Karls V.
1560	Tod Melanchthons
1562/63	Abschluß des gegenreformatorischen Konzils von Trient
1564	Tod Michelangelos
1566	Niederländischer Bildersturm, Beginn des Unabhängigkeitskrieges
1586	Tod des jüngeren Lucas Cranach am 27. Januar

Zeugnisse

Christoph Scheurl, 1509
Wahrlich, wenn ich den einzigen Albrecht Dürer, meinen Landsmann, dieses unzweifelhafte Genie, ausnehme, so gewährt, nach meinem Urteil, nur Dir unser Jahrhundert den ersten Platz in der Malerei, die, bei den Korinthern erfunden, lange vernachlässigt wurde und erst jetzt wieder ins Leben gerufen worden ist. Die übrigen Deutschen treten zurück, die Italiener, sonst so ruhmsüchtig, bieten Dir die Hand, die Franzosen begrüßen Dich als ihren Meister.

        Heinz Lüdecke: Lucas Cranach der Ältere im Spiegel seiner Zeit.
        Berlin 1953, S. 49

Joachim Sandrart, 1675
Er ist sonderbar sauber und liebreich im Mahlen und Reißen gewesen, hat auch in solchen mehr, als in Ausbildung der lobwürdigen Antichen, nackenden Bildern, Historien, Poetischen Gedichten und andern verstanden; maßen er sich meistens auf das Contrafaien gelegt und sich in Vorstellung halber Figuren der Lucretia, älterer Männer, Weibsbilder und dergleichen, die er Alla moderna gekleidt, geübt, und jede in ihrem Geschlecht sehr nett und sauber gemalt. [...] Er wurde seines schönen Verstandes halben allenthalben geliebt und wehrt gehalten.

        Teutsche Academie der Edlen Bau-, Bild- und Mahlerey-Künste. Bd. 1.
        Nürnberg 1675, S. 213 f.

Christian Schuchardt, 1851
Da nicht von einem Zweifel die Rede sein kann, ob Cranach eine bedeutende Stelle unter den Künstlern jener Periode überhaupt einnehme, so fragt es sich nur, ob derselbe gleichberechtigt neben seinen Zeitgenossen Dürer und Holbein stehe, in deren Verein er oft als der Dritte genannt wird. Obschon ein ins Einzelne gehender Vergleich solcher bedeutender Menschen unter sich nicht möglich ist, auch zu keinem Resultate führen würde, so kann doch die besondere vorwaltende Richtung des Genius eines Jeden, die Bahn, welche er beschrieben, die Summe seiner Leistung genannt werden. Dabei erscheint nun Dürer als der gründlichste, ernsteste, umfassendste und gelehrteste; Holbein war der beste Maler und Derjenige, welcher den meisten Geschmack hatte; Cranach ist der Naivste von den Dreien und der beste Colorist.

        Lucas Cranach des Älteren Leben und Werke. Bd. 1. Leipzig 1851, S. 4 f.

Curt Glaser, 1921
Cranachs künstlerische Arbeit ähnelt insofern der mittelalterlichen Handwerksübung, als ihm nicht jedes neue Werk eine neue Fragestellung bedeutet, sondern die Bemühung darauf gerichtet ist, gangbare Formeln zu prägen, eine allgemein brauchbare Ausdrucksweise zu schaffen. Cranachs Kunst ist ein Abschluß, sie eröffnet nicht so weitschauende Perspektiven wie das Werk Dürers, und sie weist nicht der deutschen Malerei den Weg in einen allgemein europäischen Stil wie die Kunst Holbeins. Cranachs Art stammt aus dem Mittelalter, und so viel er auch an Formen und Lehren der italienischen Renaissance aufnimmt und verarbeitet, er bleibt in seinem Herzen und seinem Wesen ein Meister der gotischen Zeit. Wenn es einen Künstler gibt, der in der Malerei jenen zwiespältigen Stil repräsentiert, den man in der Baukunst mit dem widerspruchsvollen Namen der deutschen Renaissance bezeichnet, so ist es Lukas Cranach.
Lukas Cranach. Leipzig 1921, S. 9

Max J. Friedländer, 1932
Wäre Cranach 1505 gestorben, so würde er im Gedächtnis leben wie geladen mit Explosivstoff. Er ist aber erst 1553 gestorben, und wir beobachten statt der Explosion ein Ausrinnen. Aus Kenntnis des gesamten Werkes wird der Kunstfreund mit einiger Skepsis gegen den genialischen Ausbruch erfüllt. Der wache Cranach hält nicht, was der träumende versprochen hat. Seine Wittenberger Kunst gleicht einer glatten Kastanie, die aus stachlig grüner Schale gesprungen ist. Phlegmatisch verständige und saubere Darlegung tritt an die Stelle leidenschaftlich tönenden Naturlauts. Bis zu einem gewissen Grade wiederholt sich dieses Schicksal überall in der tragisch kurzen Blütezeit der deutschen Kunst. Die Maler, die zwischen 1470 und 1490 das Licht der Welt erblickt haben, sind diesen Weg gegangen, wie Dürer, Altdorfer, Georg Breu und Baldung, aber in keinem Falle wandeln sich Temperament und Verhältnis zum Sichtbaren so völlig wie in Cranachs Entwicklung. Der Historiker wird dazu gedrängt, Ursachen und Antriebe eher in der Umwelt, also in Kräften, die von außen hier und dort, in dieser und jener Zeit auf den Maler einwirkten, zu suchen als in seiner Anlage.
Die Gemälde von Lucas Cranach. Berlin 1932, S. 17

Max J. Friedländer, 1946
Ein Maler, der aus wirtschaftlichem Interesse die Leistungsfähigkeit eines Werkstattbetriebes steigert – Lucas Cranach in seiner Wittenberger Zeit bietet ein lehrreiches Beispiel –, zieht die Gesellen nicht sowohl zu sich empor, steigt eher zu ihnen hinab, er bildet eine Formensprache und Malweise aus, die lehrbar und nachahmlich sind, und gibt seiner Produktion einen unpersönlichen Charakter.
Von Kunst und Kennerschaft. Oxford, Zürich 1946, S. 232

Maurice Raynal, 1936
Betrachten wir das erstaunliche Œuvre der Cranach (Vater und Sohn). Es bleibt so lebendig, weil es eine von der ganzen akademischen Willkür der mythologischen Thematik befreite Wirklichkeit bildet. Der Künstler, der den Mythos seiner eigenen Sensibilität aus sich herausstellen und so objektivieren will, betrachtet die Mythologie nicht als Vorwand einer Kunst, die nur Illustration wäre; er macht daraus keinen Gegenstand akademischer oder politischer Vorträge, militärischer

Proklamationen, historischer Rekonstruktionen, sentimentaler Romanzen oder sonstiger Pendulen- und Porzellanteller-Dekors und Kinematographentheaters. Trotz dem «Zurück zur Antike», das ihre Zeit begeisterte, haben die Cranach von der ganzen Mythologie im Grunde nur die Episodentitel beibehalten, etwa so, wie man eine Unterhaltung mit ein paar Zitaten bunt überschmelzen oder verderben kann oder wie man sich eben irgendeiner Kleidermode bedient. Vor allem aber, und zweifellos weil sie es nicht anders wußten, weil sie nur eine Mythologie kannten, deren Geheimnisse noch nicht von der Psychoanalyse entdeckt, vertieft oder wiedererfunden worden waren. Aber auch aus anderen Gründen, deren treibende Kraft auf jeder dieser Abbildungen mit einer so menschlichen, so unbezähmbar persönlichen Realität zum Durchbruch kommt.

Lucas Cranach. Zeit, Leben, Werk. Bd. 2. Wittenberg 1972, S. 739

Erklärung des Deutschen Lucas-Cranach-Komitees der DDR, 1953
In seinen besten Schöpfungen war Cranach Realist. Gleich allen anderen bedeutenden Künstlern seiner Epoche wirkte er im Geist des antischolastischen bürgerlichen Humanismus, indem er die hergebrachten religiösen Themen verweltlichte und vermenschlichte, sie des dogmatischen Charakters entkleidete und ihnen Lebenswahrheit gab. Realist war er vor allem auch in solchen Werken, in denen er den sozialen und nationalen Forderungen des Volkes künstlerischen Ausdruck gab. [...] Durch diese starken realistischen Elemente ist Cranach ein volkstümlicher Künstler. Seine besten Werke sprechen gleichsam im Volksliedton von allgemeinverständlichen Dingen. Eines der Hauptkennzeichen seiner Kunst ist ihre Schlichtheit. Die Frucht seiner Verbundenheit mit den einfachen Menschen ist eine echte Popularität, die die Jahrhunderte überdauert. In der Periode der Fürstenreformation jedoch diente Cranach, unterstützt von seinem Sohn und seiner fast manufakturmäßig arbeitenden Werkstatt, dem wachsenden Repräsentationsbedarf der Höfe. Indem er dem Verfallsgeschmack dieser Auftraggeber Rechnung trug, erschöpfte sich seine Gestaltungskraft mehr und mehr und entfremdete sich den nationalen Inhalten und Formen.

Joseph Beuys, 1974
Wenn man ihn [Cranach] im Vergleich zu den anderen Bildern von zeitgenössischen Malern sieht, die in dieser Ausstellung hängen: von Dürer, aber auch von den Italienern, von Joos van Cleve, Gossaert usw., dann sieht man sofort, daß all diese Zeitgenossen eigentlich im Formalen viel überzeugender da sind, nicht? Viel überzeugender. Daß man eigentlich auf Anhieb geneigt ist zu sagen, das ist ja alles viel besser, selbst der unscheinbarste anonyme Maler ist doch eigentlich viel souveräner, erstens mal in der Behandlung des Farbigen, zweitens in der Behandlung der Form usw., und das möchte ich auch gar nicht zurücknehmen. Dann kommt meines Erachtens aber, wenn man es tiefergehend betrachtet, heraus, daß dieses Unbestimmte, Chaotische, Krause oder wie man es ausdrücken soll – man müßte es viel genauer noch analysieren, um die richtigen, passenden Begriffe zu finden – der eigentliche Wert dieser Aussage ist bei Cranach. Vielleicht sogar, also jetzt ist die Frage: es ist wahrscheinlich sogar ein Bewußtsein davon vorhanden, daß man es so machen müßte aus den verschiedensten Gründen. Eben ganz bewußt, daß man nicht zu stark zum Formpol tendieren darf, um nicht in eine problematische Klassik hineinzukommen gerade in dieser Zeit. Und das weist ihn aus als eine Persönlichkeit, die im Inneren ganz spezifische, ich möchte fast sagen: alche-

mistische Verbindungen hat zu dem, was mitteleuropäisches Wollen ist, ja vielleicht sogar ein bißchen mit der Tendenz vom Norden kommend etwas herausstellen will, was in der Klassik abgetötet wird, eben durch Form. Wenn man den Farbauftrag untersucht, sieht man, daß er etwas Kochendes hat, ein alchemistisches Element. Und weitergehend zu den ikonographischen Zusammenhängen erkennt man dann einen sehr starken Bezug zu diesem Elementarischen, ja in der Natur auch, zum Beispiel in der Landschaft, in den Tieren usw. Also die elementarische Welt ist da, die in der Klassik sehr weit zurückgedrängt oder verdrängt wird oder nur allegorisch noch auftritt. Und dann entdeckt man, wahrscheinlich in entstellter Form, reales alchemistisches Wissen oder eine alchemistische Absicht. Oder man sieht einen Bezug zu Elementargeistern. Zum Beispiel Wilde Männer sind nicht als anekdotische Figuren gemeint, sondern deuten auf ein Chaotisches in der Natur hin.

Basel II, S. 741 f.

Dieter Koepplin, 1974
Die Entwicklung der schöpferischen Bewußtheit in der Kunst Dürers oder Baldungs brachte eine problematische Schärfung, Abkühlung und Verhärtung der Formen mit sich. Diesem formalen Problem, aber auch allgemein dem Renaissance-Ideal des heroischen Willensaktes, stellt sich Cranachs Kunst als Alternative und als Ausweichmöglichkeit entgegen. Cranachs Bilderwelt verbleibt oder führt zurück in einen Dämmerzustand und in eine lebenserfüllte Potentialität, die die härtesten Zwänge der Renaissance und der dem Humanismus gemäßen Kunst löst, nicht ohne wesentliche Züge der humanistischen Geisteshaltung (idealistisch überhöhter Realismus, Ernst, heroische Individualität) intensiv verarbeitet zu haben. Es handelt sich bei Cranach nicht um eine bloße Flucht zurück in die Spätgotik, sondern um eine Gestaltung drängender Fragen, die Humanismus und Renaissance aufgeworfen haben.

Basel I, S. 14 f.

Bibliographie

Auswahl, unter besonderer Berücksichtigung neuerer Arbeiten

Sigelverzeichnis

Im Text zur Identifizierung der Werke verwendete Abkürzungen
F. R. = Friedländer, Max J., Rosenberg, Jakob: Die Gemälde von Lucas Cranach. Basel, Boston, Stuttgart 1979, 1. Aufl. Berlin 1932
J. B. = 1472–1553 Lucas Cranach d. Ä. Das gesamte graphische Werk. Mit Exempeln aus dem graphischen Werk Lucas Cranachs d. J. und der Cranachwerkstatt. Eingeleitet von Johannes Jahn, hg. von Marianne Bernhard, München 1972
R. = Rosenberg, Jakob: Die Zeichnungen Lucas Cranachs d. Ä. Berlin 1960

In den Anmerkungen verwendete Abkürzungen

Basel I/II = Koepplin, Dieter, Falk, Tilman: Lucas Cranach. Gemälde, Zeichnungen, Druckgraphik. Kunstmuseum Basel, Bd. 1, Basel, Stuttgart 1974, Bd. 2, ebd. 1976
Jahn/Bernhard = 1472–1553. Lucas Cranach d. Ä. Das gesamte graphische Werk. Mit Exempeln aus dem graphischen Werk Lucas Cranachs d. J. und der Cranachwerkstatt. Eingeleitet von Johannes Jahn, hg. von Marianne Bernhard, München 1972
Lüdecke 1953 = Lüdecke, Heinz: Lucas Cranach der Ältere im Spiegel seiner Zeit. Aus Urkunden, Chroniken, Briefen, Reden und Gedichten. Berlin 1953
Schade = Schade, Werner: Verzeichnis der Cranach-Quellen. In: Ders.: Die Malerfamilie Cranach. Dresden 1974
Schuchardt I/III = Schuchardt, Christian: Lucas Cranach des Ältern Leben und Werke. Bde. 1 und 2, Leipzig 1851, Bd. 3, Leipzig 1871
Urkunden = Scheidig, Walther: Urkunden zu Cranachs Leben und Schaffen. In: Lucas Cranach der Ältere. Der Künstler und seine Zeit. Hg. von Heinz Lüdekke, Berlin 1953

Bibliographien

Dodgson, Campbell: Lucas Cranach. Critical Bibliography. Bibliothèque de bibliographies critiques. Paris 1900

Koepplin, Dieter, Falk, Tilman: Bibliographie. In: Dies.: Lucas Cranach. Gemälde, Zeichnungen, Druckgraphik. Kunstmuseum Basel, Bd. 1, Basel, Stuttgart 1974

Ladendorf, Heinz: Cranach d. Ä. und Cranach d. J. Schrifttum. In: Lucas Cranach der Ältere. Der Künstler und seine Zeit. Hg. von Heinz Lüdecke, Berlin 1953, S. 178–202

Schade, Werner: Literaturverzeichnis. In: Ders.: Die Malerfamilie Cranach. Dresden 1974, S. 393–400

Schwartz, Herbert: Lucas Cranach der Ältere. Bibliographie. Kronach 1972

Cranach-Urkunden

Hambrecht, Rainer: Die kursächsischen Rechnungsbücher im Staatsarchiv und ihr Quellenwert für die Person Lucas Cranachs d. Älteren. In: Jahrbuch der Coburger Landesstiftung, Bd. 32, 1987, S. 53–96

Lüdecke, Heinz: Lucas Cranach der Ältere im Spiegel seiner Zeit. Aus Urkunden, Chroniken, Briefen, Reden und Gedichten. Berlin 1953

Schade, Werner: Verzeichnis der Cranach-Quellen. In: Ders.: Die Malerfamilie Cranach. Dresden 1974, S. 401–453

Scheidig, Walther: Urkunden zu Cranachs Leben und Schaffen. In: Lucas Cranach der Ältere. Der Künstler und seine Zeit. Hg. von Heinz Lüdecke, Berlin 1953, S. 156–177

Schuchardt, Christian: Lucas Cranach des Ältern Leben und Werke. Bde. 1 u. 2, Leipzig 1851, Bd. 3, Leipzig 1871

Werkverzeichnisse und Exemplarisches zu den Gattungen

1. Gemälde:

Friedländer, Max J., Rosenberg, Jakob: Die Gemälde von Lucas Cranach. Basel, Boston, Stuttgart 1979, 1. Aufl. Berlin 1932

2. Zeichnungen

Das Gebetbuch Kaiser Maximilians. Der Münchner Teil mit den Randzeichnungen von Albrecht Dürer und Lucas Cranach d. Ä. München 1987

Girshausen, Theo Ludwig: Die Handzeichnungen Lucas Cranachs d. Ae. Diss. Frankfurt a. M. 1936, Frankfurt a. M. 1937

Leidinger, Georg: Albrecht Dürers und Lucas Cranachs Randzeichnungen zum Gebetbuch Kaiser Maximilians des Ersten in der bayrischen Staatsbibliothek zu München. München 1922

Rosenberg, Jakob: Die Zeichnungen Lucas Cranachs d. Ä. Berlin 1960

Thöne, Friedrich: Lucas Cranach des Älteren Meisterzeichnungen. Burg b. M. 1939

Winkler, Friedrich: Die Bilder des Wiener Filocalus. In: Jahrbuch der Preußischen Kunstsammlungen, Bd. 57, 1936, S. 141–155

3. Graphik

Baumgart, Fritz: Lucas Cranach. Incisioni. Florenz 1976
Geisberg, Max: Der deutsche Einblatt-Holzschnitt in der ersten Hälfte des 16. Jahrhunderts. München 1923–1930. Gesondert: Die 111 Einblatt-Holzschnitte Lucas Cranachs des Älteren, München 1929
Hollstein, F. W. H.: German Engravings, Etchings and Woodcuts, ca. 1400–1700. Bd. 6, bearb. von K. G. Boon, R. W. Scheller, Amsterdam o. J. [1954]
Jahn, Johannes: Lucas Cranach als Graphiker. Leipzig 1955
Lippmann, Friedrich: Lukas Cranach, Sammlung von Nachbildungen seiner vorzüglichsten Holzschnitte und seiner Stiche, hergestellt in der Reichsdruckerei. Berlin 1895
Lucas Cranach. Wittenberger Heiltumsbuch. Faksimile-Neudruck der Erstausgabe Wittenberg 1509, Unterschneidheim 1969
Poep, Myrna B.: Woodcuts by Lucas Cranach The Elder and His Workshop: A Cataloque. Phil. Diss. Univ. of Pennsylvania 1976
Schnabel, Hildegard: Lucas Cranach d. Ä. Passional Christi und Antichristi. Reprint, Berlin 1972
The Illustrated Bartsch. Bd. 11, bearb. von T. Falk, New York 1980, S. 313–444
1472–1553. Lucas Cranach d. Ä. Das gesamte graphische Werk. Mit Exempeln aus dem graphischen Werk Lucas Cranachs d. J. und der Cranachwerkstatt. Eingeleitet von Johannes Jahn, hg. von Marianne Bernhard, München 1972

Lexika/Vitensammlungen:

Düfel, Hans: Theologische Realenzyklopädie. Bd. 8, Berlin, New York 1981, S. 218–225
Friedländer, Max. J.: Allgemeines Lexikon der bildenden Künstler. Bd. 8, hg. von U. Thieme, Leipzig 1913, S. 55–58
Hinz, Berthold: Saur Allgemeines Künstlerlexikon. Bd. 22. München 1999, Sp. 168–174
Nagler, G. K.: Neues allgemeines Künstlerlexikon. Bd. 3, 1836, S. 176–187
Sandrart, Joachim: Teutsche Academie der Edlen Bau-, Bild- und Mahlerey-Künste. Bd. 1, Nürnberg 1675, S. 213
Woltmann, Alfred: Allgemeine Deutsche Biographie. Bd. 4, Leipzig 1876, S. 559–563

Monographien (Vita und Werk)

Flechsig, Eduard: Cranachstudien 1. Leipzig 1900
–: Tafelbilder Lucas Cranachs d. Ä. und seiner Werkstatt. Leipzig 1900
Glaser, Curt: Lukas Cranach. Leipzig 1921
Heller, Joseph: Versuch über das Leben und die Werke Lucas Cranach's. Bamberg 1821
–: Lucas Cranachs Leben und Werke. Nürnberg 1854
Heyck, Ed.: Lucas Cranach. 2. Aufl. Bielefeld/Leipzig 1927
Lilienfein, Heinrich: Lukas Cranach und seine Zeit. Bielefeld, Leipzig 1942

Lindau, M. B.: Lucas Cranach. Ein Lebensbild aus dem Zeitalter der Reformation. Leipzig 1883
Posse, Hans: Lucas Cranach d. Ä. Wien 1942
(Richter, C. E.:) Historisch-critische Abhandlung über das Leben und die Kunstwerke des berühmten deutschen Mahlers Lucas Cranach. Hamburg, Leipzig 1761
Rudloff-Hille, Gertrud: Lucas Cranach d. Ä. Eine Einführung in sein Leben und Werk. Dresden 1953
Ruhmer, Eberhard: Cranach. Köln 1963
Schade, Werner: Die Malerfamilie Cranach. Dresden 1974
Schuchardt, Christian: Lucas Cranach des Ältern Leben und Werke. Bde. 1 und 2, Leipzig 1851, Bd. 3, Leipzig 1871
Worringer, Wilhelm: Lucas Cranach. München, Leipzig 1908

Ausstellungskataloge

A Group of Paintings by Lucas Cranach the Elder. In Memory of Erwin Panofsky. Museum of Princeton University, Princeton 1969
Cranach. Meisterwerke auf Vorrat. Ausstellung Universitätsbibliothek Erlangen-Nürnberg, hg. von A. Tacke. München 1994
Cranach och den tyska renässansen. Nationalmuseum, Stockholm 1988
Cranach und Picasso. Kunsthalle Nürnberg, bearb. von M. Prechtl, Nürnberg 1968
Deutsche Kunstausstellung Dresden 1899. Abteilung Cranach-Ausstellung, bearb. von K. Woermann, Dresden 1899. Besprechung von Max. J. Friedländer, in: Repertorium für Kunstwissenschaft, Bd. 22, 1899, S. 236–249
Die Druckgraphik Lucas Cranachs und seiner Zeit. Voraussetzungen und Nachfolge seines Werks. Österreichisches Museum für angewandte Kunst, bearb. von H. Dornik-Eger, Wien 1972
Gotteswort und Menschenbild. Werke von Cranach und seinen Zeitgenossen. Ausstellung Schloß Friedenstein, Gotha, bearb. von A. Schuttwolf. Gotha 1994
Katalog der Lucas-Cranach-Ausstellung. Hg. vom deutschen Lucas-Cranach-Komitee, Weimar/Wittenberg, bearb. von H. Lüdecke, W. Scheidig, Erfurt 1953
Koepplin, Dieter, Falk, Tilman: Lucas Cranach. Gemälde, Zeichnungen, Druckgraphik. Kunstmuseum Basel. Bd. 1, Basel, Stuttgart 1974, Bd. 2, ebd. 1976. Besprechung von Peter Strieder, in: Kunstchronik, Bd. 28, 1975, S. 165–171
Lucas Cranach d. Ä. und Lucas Cranach d. J. Deutsches Museum, bearb. von H. Herrmann, Berlin 1937, Text- und Bildbd.
Lucas Cranach: Holzschnitte, Kupferstiche, Handzeichnungen. Deutsche Akademie der Künste, bearb. von H. Lüdecke, S. Heiland, Berlin 1954
Lucas Cranach 1472–1553. Ein großer Maler in bewegter Zeit. Schloßmuseum Weimar, Weimar 1972
Lucas Cranach. Zeit, Leben, Werk. Dokumentationsausstellung des Cranach-Komitees der DDR. Staatliche Lutherhalle Wittenberg, Wittenberg 1972
Lukas Cranach der Ältere 1472–1553. Graphik, Kunsthalle Bielefeld (u. anderen Orts), bearb. von H. G. Gmelin, o. O. 1972
Lucas Cranach der Ältere in der Akademie der Bildenden Künste in Wien, bearb. von H. Hutter, Wien 1972
Lucas Cranach d. Ä. 1472–1553, Graphik aus dem Kupferstichkabinett der

Kunstsammlungen der Veste Coburg, bearb. von H. Maedebach, M. Gebhardt, Coburg 1972

Lucas Cranach und die sächsische Malerei seiner Zeit. Staatliche Galerie Moritzburg Halle 1972, bearb. von H. Schierz, Merseburg 1972

Lucas Cranach der Ältere und seine Werkstatt. Jubiläumsausstellung museumseigener Werke, 1472–1972. Kunsthistorisches Museum, bearb. von K. Schütz, Wien 1972

Lucas Cranach d. Ä. 1472–1553. Das graphische Werk. Staatliches Museum Schwerin (u. anderen Orts), bearb. von W. Timm, T. Frank, 1972

Lucas Cranach. Gemälde, Zeichnungen, Druckgraphik. Staatliche Museen Preußischer Kulturbesitz, bearb. von W. H. Köhler, F. Steigerwald, Berlin 1973

Lucas Cranach. Ein Maler-Unternehmer aus Franken. Bayerische Landesausstellung, Festung Rosenberg, Kronach, hg. von C. Grimm u. a. Regensburg 1994

Lucas Cranach. Glaube, Mythologie und Moderne. Ausstellung des Bucerius Kunst Forums, Hamburg, hg. von W. Schade. Ostfildern-Ruit 2003

Sammelbände

Akten des Kolloquiums zur Basler Cranach-Ausstellung 1974. Hg. von D. Koepplin, T. Falk, Basel 1977

Lucas Cranach der Ältere. Der Künstler und seine Zeit. Hg. von Heinz Lüdecke, Berlin 1953

Lucas Cranach 1472/1972. Hg. von Inter Nationes, Bonn, Bad Godesberg 1972

Lucas Cranach 1472–1553. Der Maler und seine Zeit. Hg. vom Mitteldeutschen Kulturrat, Bonn [1972]

Lucas Cranach 1472–1972. München 1972

Lucas Cranach. Künstler und Gesellschaft. Referate des Colloquiums zum 500. Geburtstag Lucas Cranachs d. Ä. Staatliche Lutherhalle Wittenberg, hg. von P. H. Feist, E. Ullmann, Wittenberg 1973

Einzeldarstellungen (Bücher)

Bax, Dirk: Hieronymus Bosch and Lucas Cranach. Two Last Judgements Triptychs. Amsterdam, Oxford, New York 1983

Hartlaub, Gustav Friedrich: Lucas Cranach d. J. Der Jungbrunnen. Stuttgart 1958

Hintzenstern, Herbert von: Lucas Cranach d. Ä. Altarbilder aus der Reformationszeit. Berlin 1972

Koepplin, Dieter: Cranachs Ehebildnis des Johannes Cuspinian von 1502. Seine christlich-humanistische Bedeutung. Diss. Basel 1964, Düsseldorf 1973

Luther, Gisela: Sinnlichkeit und Heilserwartung. Lucas Cranachs Mariahilfbild und dessen Rezeption im kleinen Andachtsbild und Bildvotiv. Diss. Marburg 1978, Marburg 1980

Möhle, Hans: Lucas Cranach der Ältere: Die Ruhe auf der Flucht nach Ägypten. Stuttgart 1966

Ohly, Friedrich: Gesetz und Evangelium. Zur Typologie bei Luther und Cranach. Zum Blutstrahl der Gnade in der Kunst. Münster 1985

Rudloff-Hille, Gertrud: Lucas Cranach der Ältere. Katharinenaltar. Dresden 1953

Seebass, Gottfried: Die Himmelsleiter des hl. Bonaventura von Lukas Cranach d. Ä. Sitzungsberichte der Heidelberger Akademie der Wissenschaften. Philosophisch-Historische Klasse, Jg. 1984, 4, Heidelberg 1985

Starke, Elfriede: Lukas Cranach d. Ä. Die Zehn-Gebote-Tafel. Leipzig 1982

Sternelle, Kurt: Lucas Cranach d. Ä. Die Jagd in der Kunst. Hamburg, Berlin 1963

Tacke, Andreas: Der katholische Cranach. Zu zwei Großaufträgen von Lucas Cranach d. Ä., Simon Frank und der Cranach-Werkstatt 1520–1540. Mainz 1992

Thulin, Oskar: Cranach-Altäre der Reformation. Berlin 1955

Troschke, Asmus Frhr. von: Studien zu Cranachscher Kunst im Herzogtum Preußen. Phil. Diss. Königsberg, Leipzig 1938

Warnke, Martin: Cranachs Luther. Entwürfe für ein Image. Frankfurt a. M. 1984

Wyss, Stephan: Askese. Ein Essay zum Selbstverständnis des herrschenden Mannes. Zwei ‹Bestiarien› des heiligen Hieronymus von Lucas Cranach dem Älteren. Fribourg 1989

Zervos, Christian: Nus de Lucas Cranach l'ancien. Paris 1950

Zimmermann, Hildegard: Lukas Cranach d. Ä. Folgen der Wittenberger Heiligtümer und die Illustrationen des Rhau'schen Hortulus animae. Halle a. d. Saale 1929

Einzeldarstellungen (Aufsätze)
Genealogie, Familie, Geschäftliches

Bierende, Edgar: Lucas Cranach d. Ä. und der deutsche Humanismus. München 2002

Giesecke, Albert: Wappen, Siegel und Signet Lucas Cranachs und seiner Söhne und ihre Bedeutung für die Cranach-Forschung. In: Zeitschrift für Kunstwissenschaft, Bd. 9, 1955, S. 181–192

Koepplin, Dieter: Lucas Cranachs Heirat und das Geburtsjahr des Sohnes Hans. In: Zeitschrift des deutschen Vereins für Kunstwissenschaft, Bd. 20, 1966, S. 79–84

Kühne, Heinrich: Lucas Cranach d. Ä. als Verleger, Drucker und Buchhändler. In: Marginalien. Zeitschrift für Buchkunst und Bibliophile, H. 47, 1972, S. 59–73

Schenk zu Schweinsberg, Eberhard: Lucas Cranachs Herkunft. In: Kunstchronik und Kunstmarkt, Bd. 59, NF 35, 1925/26, S. 570

Tröge, Walther: Cranach d. Ä. als genealogisches Phänomen. Eine genealogische Studie. In: Festschrift Armin Tille zum 60. Geburtstag. Weimar 1930, S. 118–133

Zülch, Walther Karl: Lucas Cranach d. Ä. als Kaufmann. In: Cicerone, Bd. 18, 1926, S. 38 f.

Die Frühzeit

Baldass, Ludwig von: Albrecht Altdorfers künstlerische Herkunft und Wirkung. 5. Lukas Cranach. In: Jahrbuch der kunsthistorischen Sammlungen in Wien, NF Bd. 12, 1938, S. 117–156 (S. 134–138)

Benesch, Otto: Zur altösterreichischen Tafelmalerei: Die Anfänge Lucas Cra-

nachs. In: Jahrbuch der kunsthistorischen Sammlungen in Wien, NF Bd. 2, 1928, S. 77–102
–: Zu Cranachs Anfängen. Eine Selbstberichtigung. In: Belvedere, Bd. 14, 1929, S. 144–147
Friedländer, Max J.: Die frühesten Werke Cranachs. In: Jahrbuch der Königlich Preußischen Kunstsammlungen, Bd. 23, 1902, S. 228–234

Selbstbildnisse/Cranach-Bildnisse

Hinz, Berthold: Ein unbemerktes Bildnis Lucas Cranach d. Ä. Anmerkungen zur Augsburger Kunstszene 1548/52. In: Das Kunstwerk als Geschichtsdokument. Festschrift für H.-E. Mittig, hg. von A. Tietenberg. München 1999, S. 11–20
Rosenberg, Jakob: Dürer hat Cranach gezeichnet. In: Jahrbuch der Preußischen Kunstsammlungen, Bd. 53, 1932, S. 204–206
Scheidig, Walter: Lucas Cranachs Selbstbildnisse und die Cranach-Bildnisse. In: Lucas Cranach der Ältere. Der Künstler und seine Zeit. Hg. von H. Lüdecke, Berlin 1953, S. 128–139
Zimmermann, H.: Über das Bildnis Lucas Cranachs d. Ä. in den Uffizien in Florenz. In: Zeitschrift für Kunstwissenschaft, Bd. 1, 1947, S. 51–53

Bildnisse

Braunfels, Wolfgang: Ein Tizian nach Cranach. In: Festschrift für Herbert von Einem. Berlin 1965, S. 44–48
–: Zur Ikonographie von Damenbildnissen des älteren und jüngeren Lucas Cranach. In: Pantheon, Bd. 27, 1969, S. 283–293
Luz, W. A.: Der Kopf des Kardinals Albrecht von Brandenburg bei Dürer, Cranach und Grünewald. In: Repertorium für Kunstwissenschaft, Bd. 45, 1925, S. 41–77
Marx, Harald: «... und war die Hochzeit-Kleidung fast seltsam». Zu einem Bildnis Heinrichs des Frommen. In: Dresdener Kunstblätter, H. 3, 1989, S. 78–82
Zimmermann, Heinrich: Beiträge zur Ikonographie Cranachscher Bildnisse. In: Zeitschrift des Deutschen Vereins für Kunstwissenschaft, Bd. 9, 1942, S. 23–52

Luther- und Reformatorenbildnisse

Ausstellungskatalog: Köpfe der Lutherzeit. Hamburger Kunsthalle, München 1983
Ausstellungskatalog: Martin Luther und die Reformation in Deutschland. Germanisches Nationalmuseum Nürnberg, Frankfurt a. M. 1983
Dieck, Alfred: Cranachs Gemälde des toten Luther in Hannover und das Problem der Luther-Totenbilder. In: Niederdeutsche Beiträge zur Kunstgeschichte, Bd. 2, 1962, S. 191–218
Ficker, Johannes: Die Bildnisse Luthers aus der Zeit seines Lebens. In: Luther-Jahrbuch, Bd. 16, 1934, S. 103–161

Christliche Themen

Hentschel, Walter: Ein unbekannter Cranachaltar. In: Zeitschrift für Kunstwissenschaft, Bd. 2, 1948, S. 35–42

Loecher, Kurt: Cranachs Holzschnitt-Passion von 1509 und ihre Wirkung auf die Künste. In: Anzeiger des Germanischen Nationalmuseums, 1990, S. 9–52

Mahn, Eva: Der Katharinenaltar von Lucas Cranach. Eine ikonographische Studie. In: Bildende Kunst, 1972, S. 274–277

Rade, Martin: Zur Apokalypse Dürers und Cranachs. In: Gesammelte Studien zur Kunstgeschichte. Festschrift für Anton Springer. Leipzig 1885, S. 111–120

Rosenberg, Jakob: «Adam und Eva» von Lucas Cranach d. Ä. In: Pantheon, Bd. 34, 1976, S. 17–21

Schenk zu Schweinsberg, Eberhard: Die früheste Fassung des Gemäldes der Ehebrecherin von Lukas Cranach d. Ä. In: Kunst in Hessen und am Mittelrhein, Bd. 6, 1966, S. 33–42

Schneider, Ernst: Ein Cranachaltar aus dem Aschaffenburger Stift. In: Aschaffenburger Jahrbuch, Bd. 4, 1957, S. 625–652

Steinmann, Ulrich: Der Bilderschmuck der Stiftskirche zu Halle. Cranachs Passionszyklus und Grünewalds Erasmus-Mauritius-Tafel. In: Forschungen und Berichte. Staatliche Museen zu Berlin (Ost), Bd. 11, 1968, S. 69–104

Strieder, Peter: Folk Art Sources of Cranach's Woodcut of the Sacred Heart. In: Print Review (New York), Bd. 5, 1976, S. 160–166

Swarzenski, Georg: Cranachs Altarbild von 1509 im Städelschen Kunstinstitut zu Frankfurt a. M. In: Münchner Jahrbuch der bildenden Kunst, Bd. 2, 1907, S. 49–65

Zinke, Detlef: Imitatio Christi: Ein Fingerzeig bei Cranach. In: Pantheon, Bd. 44, 1986, S. 23–27

Protestantische Ikonographie

Andersson, Christiane D.: Religiöse Bilder Cranachs im Dienste der Reformation. In: Humanismus und Reformation als kulturelle Kräfte in der deutschen Geschichte. Hg. von Lewis W. Spitz u. a. Veröffentlichungen der Historischen Kommission Berlin 51, Berlin 1981, S. 43–79

Ausstellungskatalog: Luther und die Folgen für die Kunst. Hamburger Kunsthalle, München 1983

Ausstellungskatalog: Kunst der Reformationszeit. Staatliche Museen zu Berlin, Altes Museum, Berlin 1983

Blanke, Fritz: Ikonographie der Reformationszeit. Fragen um ein Cranach-Bild. In: Theologische Zeitschrift, Bd. 7, 1959, S. 467–471

Dixon, Laurinda S.: The Crucifixion by Lucas Cranach the Elder. A Study in Lutheran Reform Iconography. In: Perceptions. Indianapolis Museum of Art, Bd. 1, 1981, S. 35–42

Drecka, Wanda: Allégorie de la Rédemption de Lucas Cranach le Vieux. In: Bulletin du Musée National de Varsovie, Bd. 4, 1963, S. 1–17

Ehresmann, Donald L.: The Brazen Serpent, a Reformation Motif in the Works of Lucas Cranach the Elder and His Workshop. In: Marsyas, Bd. 13, 1966/67, S. 32–47

Foerster, R.: Die Bildnisse von Johann Hess und Cranachs «Gesetz und Gnade». In: Jahrbuch des schlesischen Museums für Kunstgewerbe und Altertümer (Breslau), Bd. 5, 1909, S. 117–143

Groll, Karin: Das «Passional Christi und Antichristi» von Lucas Cranach d. Ä. Frankfurt a. M., Bern, New York, Paris 1990

Kibish, Christine Ozarowska: Lucas Cranach's Christ Blessing the Children. A Problem of Lutherian Iconography. In: Art Bulletin, Bd. 37, 1955, S. 196–203

Koepplin, Dieter: Kommet her zu mir alle. Das tröstliche Bild des Gekreuzigten nach dem Verständnis Luthers. In: Wissenschaftliche Beibände zum Anzeiger des Germanischen Nationalmuseums, Bd. 8, 1988, S. 153–199

Meier, Karl Ernst: Fortleben der religiös-dogmatischen Kompositionen Cranachs in der Kunst des Protestantismus. In: Repertorium für Kunstwissenschaft, Bd. 32, 1909, S. 415–435

Urbach, Susanne: Eine unbekannte Darstellung von «Sündenfall und Erlösung» in Budapest und das Weiterleben des Cranachschen Rechtfertigungsbildes. In: Niederdeutsche Beiträge zur Kunstgeschichte, Bd. 28, 1989, S. 33–63

Walther, Angelo: Lucas Cranach der Ältere: Die Austreibung der Wechsler und Händler aus dem Tempel. In: Dresdener Kunstblätter, 16, 1972, S. 130–136

Zschelletzschky, Herbert: Vorgefecht des reformatorischen Bildkampfes. Zu Cranachs Holzschnitt «Himmelwagen und Höllenwagen des Andreas Bodenstein von Karlstadt» von 1519. In: Kunst und Reformation. Hg. von E. Ullmann, Leipzig 1982, S. 67–75

Profane und mythologische Themen

Bonicatti, Maurizio u. Cieri, Claudia: Lucas Cranach alle soglie dell'Umanesimo italiano. In: The Journal of Medieval and Renaissance Studies, Bd. 4, 1974, S. 267–285

Gorsen, Peter: Venus oder Judith? Zur Heroisierung des Weiblichkeitsbildes bei Lucas Cranach und Artemisia Gentileschi. In: artibus et historiae, Bd. 1, 1980, S. 69–81

Grate, Pontus: Analyse d'un tableau: Le paiement de Lucas Cranach l'Ancien. In: L'Œil, Bd. 78, 1961, S. 30–37

Koch, Robert A.: Venus and Amor by Lucas Cranach the Elder. In: Record of the Art Museum, Princeton University, Bd. 28, 1969, S. 54–57

Kurth, Betty: Des Zauberes Virgil Ehebrecherfalle auf Werken der nordischen Renaissance. In: Städel Jahrbuch, Bd. 3/4, 1924, S. 49–54

Leeman, F. W. G.: A Textual Source for Cranach's «Venus with the Honey-Thief». In: Burlington Magazine, 1948, S. 274–275

Liebmann, Michael J.: On the Iconography of the Nymph of the Fountain by Lucas Cranach the Elder. In: Journal of the Warburg and Courtauld Institutes, Bd. 31, 1968, S. 434–437

Mennecke, Ute: Lukas Cranachs «Eroberung Wolfenbüttels». Ein Holzschnitt im Dienste der Reformation. In: Blätter für deutsche Landesgeschichte, 118, 1982, S. 137–159

Nickel, Helmut: The Judgement of Paris by Lucas Cranach the Elder: Nature, Allegory, and Alchemy. In: Metropolitan Museum Journal, Bd. 16, 1981, S. 117–129

Poglayen-Neuwall, Stephan: Eine tizianeske «Toilette der Venus» aus dem Cranach-Kreis. In: Münchner Jahrbuch der bildenden Kunst, NF 6, 1929, S. 167–199

Simon, Karl: Zu Cranachs Darstellungen des Herkules unter den Lykischen Mädchen. In: Zeitschrift für bildende Kunst. Kunstchronik, Bd. 50, NF 26, 1915, S. 162–164

Steland, Anne Charlotte: Herkules – ein Supermann? Zu einer Bilderfolge von Herkules-Taten von Lucas Cranach dem Älteren. Herzog Anton Ulrich Museum Braunschweig, Braunschweig 1982

Wehle, Harry B.: A Judgement of Paris by Cranach. In: Metropolitan Museum Studies, Bd. 2, 1929, S. 1–12

Sonstiges

Bauch, G.: Zur Cranachforschung. In: Repertorium für Kunstwissenschaft, Bd. 17, 1894, S. 421–435

Beth, J.: Zu Cranachs Missalien-Holzschnitten. In: Repertorium für Kunstwissenschaft, Bd. 30, 1907, S. 501–513

Burke, W. L. M.: Lucas Cranach the Elder. In: The Art Bulletin, Bd. 18, 1936, S. 25–53

Drecka, Wanda: Polskie Cranachiana. In: Biuletyn Historii Szuki, Bd. 16, 1954, S. 15–39

Fenyö, Ivan: Un dessin et quelques tableau de Cranach au Musée Hongrois des Beaux Arts. Bd. 5, 1954, S. 44–53

Geisberg, Max: Cranachs Illustrations to the Lords Prayer and the Editions of Luther's Catechism. In: Burlington Magazine, Bd. 43, 1923, S. 85–87

Goldberg, Gisela: Veränderungen von Bildern in der ersten Hälfte des 16. Jahrhunderts. Versuch einer Interpretation. In: Städel Jahrbuch, NF 9, 1983, S. 151–175 (zu Cranach S. 156 ff)

Grisebach, Lothar: Kirchner und Cranach. In: Zeitschrift des Deutschen Vereins für Kunstwissenschaft, Bd. 36, 1982, S. 78–86

Hoffmann, Konrad: Cranachs Zeichnungen «Frauen überfallen Geistliche». In: Zeitschrift des Deutschen Vereins für Kunstwissenschaft, Bd. 26, 1972, S. 3–14

Jacoby, Joachim: Aus dem Besitz der Braunschweiger Herzöge. Cranach-Gemälde im Herzog Anton Ulrich-Museum in Braunschweig. In: Weltkunst, Nr. 6, 1986, S. 852–855

Junius, Wilhelm: Das Grabmal Friedrichs des Weisen. Ein Beitrag zur Vischer- und Cranachforschung. In: Kunstchronik und Kunstmarkt, Bd. 57, NF 33, 1921/22, S. 524–526

–: Die erzgebirgische Künstlerfamilie Krodel. Ein Beitrag zur Geschichte der Cranach-Schule. In: Monatshefte für Kunstwissenschaft, Bd. 14, 1921, S. 253–261

–: Meister des thüringisch-sächsischen Cranach-Kreises. In: Zeitschrift des Vereins für Thüringische Geschichte und Altertumskunde, Bd. 31, 1934, S. 64–112

Lüdecke, Heinz: Cranach in Goethes Sicht. In: Bildende Kunst, 1971, S. 372–374

Michaelson, Hedwig: Cranach d. Ae. Beziehungen zur Plastik. In: Jahrbuch der Königlich Preußischen Kunstsammlungen, Bd. 21, 1900, S. 271–284

Osterwold, Tilman: Lucas Cranach: Bilder und Nach-Bilder. In: Festschrift für Otto R. von Lutterotti. Innsbruck 1973, S. 337–361

Perrig, Alexander: Lucas Cranach und der Kardinal Albrecht von Brandenburg. Bemerkungen zu den vier Hieronymustafeln. In: Forma et subtilitas. Festschrift für Wolfgang Schöne zum 75. Geburtstag 1986. Berlin, New York 1986, S. 50–62

Rosenberg, Jakob: Lucas Cranach the Elder: A Critical Appreciation. In: Record of The Art Museum. Princeton University, Bd. 28. 1969, S. 27–53

–: The Problem of Authenticity in Cranach's Late Period. In: The Art Quarterly, Bd. 18, 1955, S. 165–168

Scheidig, Walther: Lucas Cranach und die Niederlande. In: Bildende Kunst, 1972, S. 301–302

Talbot, Charles W. jr.: An Interpretation of Two Paintings by Cranach in the Artist's Late Style. In: Report and studies in the history of art, 1967, S. 67–88

Timm, Werner: Picasso und Cranach. In: Museum und Kunst, Beiträge für Alfred Hentzen. Hamburg o. J. (1970), S. 277–289

Wex, Reinhold: Cranach and His Contemporaries. In: Apollo, Nr. 289, März 1986, S. 166–170

Wirth, Jean: Cranach reconsidéré. In: Revue de l'Art, Bd. 37, 1977, S. 83–99

Auftraggeber

Bruck, Robert: Friedrich der Weise als Förderer der Kunst. Straßburg 1903

Duverger, Jozef: Lucas Cranach en Albrecht Dürer aan het Hof van Margareta van Oostenrijk. In: Jaarboek van het Koninklijk Museum voor schone Kunsten Antwerpen, 1970, S. 5–28

Redlich, P.: Cardinal Albrecht von Brandenburg und das Neue Stift zu Halle, 1520–1541. Mainz 1900

Romane und Erzählungen

Koch, David: Das Neue Reich. Roman aus des Lukas Cranachs Haus. Stuttgart 1918

Maltitz, Herrmann von (= Hermann Klencke): Lukas Cranach. Historischer Roman. Berlin 1860

Schneider-Anhalt, Rudolf: Lukas Cranachs Meisterstück. Eine Erzählung. Berlin (5. Auflage) 1958

Wassenbergh, A.: Der ehrenveste, hochwise und fürtreffliche Herr Lukas Cranach, Bürgermeister und Maler in der kurfürstlich sächsischen Hauptstadt Wittenberg. Barmen 1887

Zerkaulen, Heinrich: Herr Lukas aus Kronach. Roman. Leipzig o. J.

Namenregister

Die kursiv gesetzten Zahlen bezeichnen die Abbildungen

Alba, Fernando Álvarez de Toledo, Herzog von 124
Albrecht von Brandenburg, Erzbischof und Kurfürst 63, 69, 82, 83, 84, 85, 91, 107, 110, *64*
Albrecht von Preußen, Herzog 50
Alexander der Große 126
Altdorfer, Albrecht 16, 51, 58, 59
Apel, Johann 71
Apelles 26
August II., König 132

Baldung Grien, Hans 27, 58, 59, 95
Barbari, Jacopo de' 16, 17, 27, 29, 41
Beckmann, Max 86
Beham, Barthel und Hans Sebald 103
Beroaldus, Philipp 26
Bloch, Dietrich 43
Bodenstein, Andreas s. Karlstadt
Bora, Katharina von 71, 87, *73*
Bosch, Hieronymus 32
Brengbier, Jodocus 45
Breu, Jörg 14, 58
Brück, Barbara 50
Brück, Christian 50, 128, 129, 133

Brück, Gregor 47, 50
Bugenhagen, Johannes (Pomeranus) 71, 124
Burgkmair, Hans 17, 40, 58, 94, 103

Cellini, Benvenuto 84
Celtis, Konrad 9
Colonna, Francesco 104, 105
Corinth, Lovis 113
Cranach, Anna 44, 50, 68
Cranach, Augustin 136
Cranach, Barbara (Ehefrau) 44, 45, 122
Cranach, Barbara (Mutter) 7
Cranach, Barbara (Tochter) 44, 50, 133
Cranach, Hans 44, 74, 76, 105, 108, 109
Cranach d. J., Lucas 44, 47, 50, 61, 62, 108, 109, 136
Cranach, Ursula 44, 50
Christian II., König 47
Cuspinian, Johannes (Spiessheimer) 9, 10, 11, *10*

Dasch, Georg 50
Donatello 94
Döring, Christian 49
Dürer, Agnes 45, 50

Dürer, Albrecht 8, 10, 13, 14, 16, 17, 18, 19, 20, 22, 23, 27, 30, 36, 37, 39, 40, 45, 51, 58, 59, 60, 68, 69, 75, 76, 77, 81, 83, 85, 94, 95, 97, 108, 110, 111, 116, 122, 128, 133, *2*

Eck, Johannes 61
Emilie, sächsische Prinzessin 91
Engelbrecht, Philipp 54
Eyck, Jan van 94
Fiorentino, Adriano 17
Francia von Bologna 26
Friedrich III., Kaiser 9
Friedrich der Weise, Kurfürst 16, 17, 19, 25, 26, 36, 40, 56, 63, 77, 80, 81, *18, 78, 82*

Georg der Bärtige, Herzog 48
Giorgione 104
Goethe, Johann Wolfgang 136
Goya y Lucientes, Francisco José de 113
Grünewald, Matthias 76
Gunderam, Matthias 125, 126, 129

Hals, Frans 113
Hans von Schmalkalden 71

Heinrich der Jüngere, Herzog 123
Heinrich VIII., König 80
Heinrich V., der Fromme, Herzog 78, *79*
Holbein d. J., Hans 17, 71, *79*
Holzschuher, Hieronymus 85
Huber, Wolf 16
Hus, Jan 62

Joachim I. von Brandenburg, Kurfürst 82
Johann der Beständige, Kurfürst 16, 23, 25, 54, 77, 81, 83, *82*
Johann Friedrich I., der Großmütige, Kurfürst 26, 50, 81, 91, 123, 124, 126, 128, 129, 133, *62*, *82*, *130*
Johann Friedrich II., der Mittlere 133
Johann Georg von Sachsen, Kurfürst 119

Karl V., Kaiser 26, 31, 63, 92, 123, 125, 126, 129, 133, *131*
Karlstadt, Andreas 8, 64, 65, 68, 69, 70
Katharina von Sachsen 78, *79*
Klug, Joseph 49
Koepplin, Dieter 116
Kraft, Hans 40

Leinberger, Hans 16
Leonardo da Vinci 32, 60
Leopold V., Erzherzog 119
Leu d. Ä., Hans 16
Leyser, Elisabeth 136
Livius 94
Loecher, Kurt 39
Lotter d. Ä., Melchior 49
Lotter d. J., Melchior 49
Louise von Savoyen 36
Luther, Hans 86, *86*

Luther, Martin 19, 44, 49, 61–76, 78, 84, 85, 87, 108, 114, 116, 117, 118, 122, 133, *62*, *63*, *72*, *74*

Margarete von Anhalt 54
Massys, Quentin 32, 34
Maximilian I., Kaiser 8, 17, 23, 26, 31, 33, 40, 58, 80
Meit, Konrad 17
Melanchthon, Philipp 66, 71, 75, 76, *75*
Memling, Hans 32
Michelangelo Buonarroti 8, 51, 60, 125
Moritz von Sachsen, Kurfürst 19, 88, 124, 126, 127, 133
Muffel, Jakob 85

Nikomachos 135

Ovid 106

Panofsky, Erwin 7, 100
Perrenot, Nicolas 128
Peutinger, Konrad 40
Pfreund, Caspar 50
Philipp I., Landgraf 123
Picasso, Pablo 135
Pirckheimer, Willibald 43
Plinius 105, 106, 135
Ponikau, Hans von 127
Praxiteles 104
Protegenes 26
Putsch, Anna (Cuspinian) 9, *11*

Raffael 8, 81, 119
Redinger, Magdalena 91
Reinhart, Symphorian 35
Rembrandt Harmensz van Rijn 89, 110, 113
Reuss, Stephan 11
Richius, Johannes 45, 122
Riegl, Alois 116
Riemenschneider, Tilman 51

Röber, Paul 136
Rosenberg, Jakob 7
Rubens, Peter Paul 116

Schäufelein, Hans 39
Scheyring, Johann 86
Scheurl, Christoph 25, 26, 27, 29, 31, 80, 105, 135
Schlegel, August Wilhelm 136
Schlegel, Friedrich 136
Schoensperger d. Ä., Hans 58
Schöner, Johann 86
Schongauer, Martin 8, 23, 30
Schopenhauer, Johanna 45
Schurff, Magdalena 133
Schwertfeger, Johann 67
Severin von Sachsen, Prinz 88
Sidonie, sächsische Prinzessin 91
Sibutus, Georg 7
Sibylle, Prinzessin von Cleve 91
Sibylle, sächsische Prinzessin 91
Spalatin, Georg 71, 85
Stigel, Johann 44, 74, 76, 105, 108
Strigel, Bernhard 17

Tacke, Andreas 84
Terborch, Gerard 91
Theokrit 95
Tizian 111, 113, 129, 130
Tübke, Werner 61

Vischer d. Ä., Peter 17
Vischer d. J., Peter 77, 78, 103

Warnke, Martin 63
Wertinger, Hans 17

Zeuxis 26

Über den Autor

Berthold Hinz, geb. 1941 in Königsberg/Pr., lehrt Kunstgeschichte an der Kunsthochschule/Universität Kassel. Jüngere Buchpublikationen: Das Grabmal Rudolfs von Schwaben (Fischer) 1996; Die Villen im Veneto. Baukunst und Lebensform, mit G. Bödefeld (Wiss. Buchgesellschaft) 1998; Aphrodite. Geschichte einer abendländischen Passion (Hanser) 1998; Der Dom St. Peter zu Fritzlar. Stift, Kloster und Domschatz (Opal) 2002.

Quellennachweis der Abbildungen

Aus: Albrecht Dürer. 1471–1528. Das gesamte graphische Werk. Handzeichnungen. Einleitung von Wolfgang Hütt: München ⁵1971: 2
Aus: Max J. Friedländer, Jakob Rosenberg: Die Gemälde von Lucas Cranach. Basel, Boston, Stuttgart 1979 (F. R.): 6, 12, 13, 15, 20, 21, 57 (Rheinisches Bildarchiv), 59, 72, 73, 74, 75, 82 (2), 83, 86, 88, 89, 90 (Rheinisches Bildarchiv), 93, 96, 98, 101, 102, 109, 111, 112/113, 115 (2), 118/119, 121, 131
Berthold Hinz: 9, 87, 120, 134
Aus: Werner Schade: Die Malerfamilie Cranach. Dresden 1974: 10, 11, 18, 28, 29, 30, 36/37, 42, 46, 62, 79 (2), 92
Aus: Albrecht Dürer. 1471–1528. Das gesamte graphische Werk. Druckgraphik. Einleitung von Wolfgang Hütt. München ⁵1971: 22
Aus: 1472–1553. Lucas Cranach d. Ä. Das gesamte graphische Werk. Einleitung von Johannes Jahn, hg. von Marianne Bernhard. München 1972 (J.B.): 24, 25, 27, 38, 39, 41, 53, 65, 99
Aus: Heinz Lüdecke (Hg.): Lucas Cranach der Ältere. Der Künstler und seine Zeit. Berlin 1953: 32/33, 48, 78, 123
Archiv für Kunst und Geschichte, Berlin: 34, 130
Aus: Martin Warnke: Cranachs Luther. Entwürfe für ein Image. Frankfurt a. M. 1984: 63, 64
Aus: Werner Hofmann (Hg.): Luther und die Folgen für die Kunst. Katalog der Kunsthalle Hamburg. München 1983: 66/67
Nach: Francesco Colonna: Hypnerotomachia Poliphili. Bd. 1. Hg. und kommentiert von Giovanni Pozzi und Lucia A. Ciapponi. Padua 1964: 105

Die in Bildlegenden angeführten Siglen verweisen auf drucktechnisch gute Abbildungen in den Œuvre-Katalogen